课程思政　立德树人

——统计学类专业思政育人的探索与实践

主编　林金官　汪红霞　杨　洋　徐玉华

中国金融出版社

责任编辑：赵晨子
责任校对：孙　蕊
责任印制：陈晓川

图书在版编目（CIP）数据

课程思政　立德树人：统计学类专业思政育人的探索与实践/林金官等主编．—北京：中国金融出版社，2023.11
ISBN 978－7－5220－2183－6

Ⅰ.①课…　Ⅱ.①林…　Ⅲ.①思想政治教育—教学研究　Ⅳ.①D64

中国国家版本馆 CIP 数据核字（2023）第 194424 号

课程思政　立德树人：统计学类专业思政育人的探索与实践
KECHENG SIZHENG　LIDE SHUREN：TONGJIXUE LEI ZHUANYE SIZHENG YUREN DE TANSUO YU SHIJIAN

出版发行　中国金融出版社
社址　北京市丰台区益泽路2号
市场开发部　（010）66024766，63805472，63439533（传真）
网上书店　www.cfph.cn
（010）66024766，63372837（传真）
读者服务部　（010）66070833，62568380
邮编　100071
经销　新华书店
印刷　北京七彩京通数码快印有限公司
尺寸　169毫米×239毫米
印张　12.75
字数　206千
版次　2023年11月第1版
印次　2023年11月第1次印刷
定价　56.00元
ISBN 978－7－5220－2183－6

序　言

课程思政，是指以构建全员、全程、全课程育人格局的形式，将各类课程与思想政治理论课同向同行，形成协同效应，把“立德树人”作为教育的根本任务的一种综合教育理念。课程思政的意义在于提高学生的思想政治素质，增强学生的国家意识和社会责任感，培养正确的人生价值观和道德观，引导学生树立正确的世界观和人生观，提升学生的文化素养和综合素质，为其未来成为有为之青年做好思想和行为上的指引。同时，课程思政也为学校起到了贯彻落实国家、地方政策和方针的重要作用。通过各种途径为学生提供思想政治教育，将党和国家方针政策教育、优秀传统文化教育、品德道德教育、法制教育等同步进行，让学生明确社会发展的趋势和道路，助力学生突破人生困境，与时代同步。

为了做好课程思政建设，提高人才培养质量，教育工作者一直都在积极探索。一般地，我们可能会从以下几个方面入手：（1）制订课程思政建设的规划和计划，明确目标和任务，具体落实落细工作细节。（2）积极引进优秀的思政课程和教材，确保课程质量和思政内容的科学性、时代性和社会性。（3）大力培养思政课程的优秀教师，激励教师投入思政课程建设，提高教学质量和思政课程师资力量。（4）加强学生的思政教育，注重学生的思想教育和品德教育，为人才培养提供坚实的思想基础和道德支撑。（5）创新课程教学方式、方法和手段，不断提高课程的实效性和吸引力，让学生更加愿意学习和应用思政课程的知识和技能。（6）重视课程思政建设的质量评估和监测，在教学过程中及时发现问题、改进方法，从而不断提升课程思政建设水平和教学质量。

正如《高等学校课程思政建设指导纲要》所提出的，课程思政建设内容要紧紧围绕坚定学生理想信念，以爱党、爱国、爱社会主义、爱人民和爱集体为主线，围绕政治认同、家国情怀、文化素养、法治意识、道德修养、职业理想和职业道德等重点内容，在教学体系、课程教学、教学方法、教师发展、教学质量监控等方面落实课程思政建设任务。本书旨在为统计学类教书育人提供理论支撑与实践参考。经过精心挑选，本书共收录 29 篇教研论文，围绕“课程思政”“管理思政”等内容，试图阐释统计学类课程思政元素的融入途径与实践方法，以及教育管理思政的切入点。本书主题明确、主线清晰，充分融入新时代对“办人民满意的教育”所赋予的内涵要求，具有学术性、应用性与前瞻性。

目　录

新文科背景下课程思政的探索与实践

——以“金融风险管理”课程为例

徐玉华[①]

2018 年 8 月“新文科”这一概念被正式提出，新文科学科的建设逐步成为我国高等教育着重推进的工作。新文科打破传统学科之间的壁垒，强调学科之间的交叉联系，将现代信息技术融入文科课程，强化学生的跨学科思维能力。2020 年 5 月，教育部印发的《高等学校课程思政建设指导纲要》提出：“落实立德树人根本任务，必须将价值塑造、传授知识和能力培养三者融为一体、不可割裂。”这份文件为课程思政的建设提供了指导性意见。

“金融风险管理”作为保险精算、经济统计等专业的核心课程，其基于风险以及风险管理理论，运用数理模型，特别是统计学知识进行风险的识别与度量，具有较强的操作性与实用性。“金融风险管理”这门课程对于“黑天鹅”事件以及系统性风险的防范具有较大帮助。且随着金融一体化的发展，金融风险更加复杂与多样化，“金融风险管理”课程的重要性上升到一个新的高度。从新文科建设角度出发，对“金融风险管理”课程思政进行探索，将有助于进一步提升学生的综合素质。为了契合新文科建设背景下对人才的培养，“金融风险管理”课程不应该仅局限于对风险管理知识的简单传授，更要从风险管理的时代需求出发，提炼出这门学科的体系与内涵，形成适应“金融风险管理”的人才培养体系。在新文科的背景下，本文探讨“金融风险管理”课程思政实施的必要性，在传授知识和培养能力的同时，对学生的价值观念进行塑造，做到育人与育才的有机统一。

一、新文科背景下课程思政与立德树人的重要性

近几年，教育部强调高效课程思政的教育应该贯彻在整个人才培养方案

---

① 徐玉华（1975— ），男，湖北仙桃，博士，教授，主要从事金融数据分析与风险控制、网络的统计特性分析与控制等研究。

中，这既是思想政治建设的要求，也是塑造学生时代价值观的必要措施。习近平总书记多次强调思政教育是高校落实立德树人根本任务的关键所在。立德树人是高校培育学生的根本任务，明确目标才能知道课程该如何设置，才能正确地评价课程的质量。将知识传授与价值引领作为目标，将思政教育融入课堂中，实现立德树人的润物细无声。

在高校的思想政治教育中常出现辅导员与思政课老师孤军奋战的情况，课程思政教育的作用没有很好地发挥出来。高等学校是培养社会主义新时代骨干力量的主要阵地，需要充分发挥其思想政治教育的作用。从中国教育的发展历史来看，对学生品德的塑造始终是高校教育的第一任务，对人才的培养离不开思想政治教育。"金融风险管理"对人才的培养不仅需要其掌握金融风险的相关知识原理，更需要注重对学生德行的塑造。

"金融风险管理"的思政教育需要紧紧围绕立德树人这一根本任务，促进学生的和谐发展。进行思政教育的根本目标是培养社会主义建设者，不仅需要学生有知识、有能力，更重要的是具备道德高尚、人格健全的品行。在教学的过程中，课程思政需要采取与时俱进的手段，将思政巧妙地融入课堂。如选取当年国内的热点事件，将思政元素融入案例，让学生收集资料、研究案例、沟通反思，真正实现知识传授与立德树人相统一的格局。

二、新文科背景下"金融风险管理"课程思政的必要性

（一）学生世界观、人生观、价值观的塑造需要课程思政

以往的课程教学中，"金融风险管理"侧重于对金融知识的讲授，而对学生世界观、人生观、价值观的塑造目标涉及不够全面，讲述不够鲜明。在新文科的时代背景下推进"金融风险管理"课程的教学任务时，把价值观融入知识点的传授中，塑造学生正确的世界观、人生观、价值观。

"金融风险管理"的内容涉及很多领域，其理论基础源于西方的主流经济学。由于金融学课程教学内容中基本上都是理性人的假设，学生易受到西方意识形态的影响而走入唯利是图的误区。"金融风险管理"作为保险精算、经济统计等专业的核心课程，在传授专业知识的同时，讲好中国故事，将中国的实践发展融入课堂中，引导学生树立正确的世界观、人生观、价值观非常必要。

（二）新技术发展对专业人才的培养需要课程思政

在新文科的背景下，各学科之间交叉联系，文理之间的壁垒被打破，且随着大数据、云计算等高新技术的迅速发展，这些技术已经应用到"金融风

险管理”中。若依照传统的授课方式，只注重技术而轻视思政将会难以满足当今时代对大学生培养的要求。“金融风险管理”不仅要求学生掌握最新的风险管理工具，还对学生的职业操守和道德品质提出了要求。金融行业与资金打交道，学生具有良好的道德品质极为重要。为此，思政教育要贯穿“金融风险管理”的全过程，对学生的培养需要将专业教育与课程思政有机融合。同时，金融风险管理的相关理论大多由西方学者提出，其经济发展模式与我国有所不同，需要学生辩证地将相关理论运用到我国的实践中。随着新技术的发展，风险管理的技术工具也需要相应创新，需要从我国的实际情况出发，运用大数据、人工智能等技术提出新的风险管理理论。

（三）丰富教学内容，需要融入思政元素

“金融风险管理”课程中有较多的关于数理推导和量化分析的内容，这一方面体现了这门学科的严谨与科学，另一方面容易将学生带入一个思维误区，即“金融风险管理”这门课程侧重于数学知识，教学内容单调，不存在价值判断的问题。但数学只是进行风险管理的一种工具，金融风险管理的学习是为了更好地服务我国的经济发展，需要学生在实践中始终树牢“四个意识”，坚定“四个自信”，坚决做到“两个维护”。

思政教育的关键在于教师，教师要善于发掘课程中蕴含的思想政治教育资源。教师可以通过发掘课程内容中的思政元素，引入国内风险管理的案例，使内容更适合我国的金融市场，丰富教学内容，既可以对学生进行价值引领与道德培育，又使教学形式变得更加多元，提升教学效果。

（四）顺应时代发展，需要课程思政

2019 年习近平总书记强调，面对波诡云谲的国际形势、复杂敏感的周边环境、艰巨繁重的改革发展稳定任务，我们必须始终保持高度警惕，既要高度警惕“黑天鹅”事件，也要防范“灰犀牛”事件。党的十八大以来，习近平总书记多次强调防范风险的重要性。在国际环境愈加复杂动荡的背景下，在“金融风险管理”课程中开展思政具有时代紧迫性与必要性，且课程思政与国家安全教育密不可分。现阶段，我国正朝着中华民族的伟大复兴迈进，青年作为实现作为这一目标的中坚力量，加强高校学生群体的思政教育迫在眉睫。

“金融风险管理”的教学需要我们用学术的眼光发掘提炼课程中的思政元素，培养学生的家国情怀，引导学生将个人发展与国家未来紧密结合，培养国家需要的高素质专业人才。在教育学生掌握风险管理技能，具备“金融风险管理”相关职业能力的同时，培养学生遵纪守法观念、团结互助的思想，培养德才兼备的社会主义可靠建设者。

三、“金融风险管理”课程思政设计

下面针对“金融风险管理”课程主要内容的课程思政设计做简单的讨论。

（一）金融风险测度工具与方法部分课程思政教学设计

金融风险测度是对风险变量或风险因子未来可能变化的度量，无论使用何种测度工具或方法，这些度量过程均涉及大量统计学知识与方法。教师在讲解的过程中，强调风险可以理解为结果的不确定性，而这种不确定性可以用概率与数理统计方法来度量。因此，告诉同学们一定要抓好基础课程的学习，特别是“概率论”与“数理统计”课程内容的学习，掌握这些工具方法，对提高自己的能力尤为重要，同时，教师强调让同学们在校期间打好知识基础，毕业后用自己所学的知识服务社会、服务国家需要。

（二）金融风险识别与管理部分课程思政教学设计

本章对金融风险识别方法的使用步骤、适用范围和优缺点进行了详细介绍，介绍了风险规避策略、风险转移策略、风险分散策略、风险对冲策略、风险补偿策略、风险承担策略等风险管理方法，旨在为系统识别风险和进行及时有效的风险管理提供可靠依据和方法。教师要结合近年来频发的风险案例，不仅要学生了解金融风险识别和风险管理中所需的理论知识，同时要宣传我国在面临突发风险时展现的社会主义优势和大国魄力。教师在讲解风险模型时，应该注重理论与实际操作的结合。在风险管理领域中，风险模型具有突出的实用性。因此，教师在教学设计上要依照基础理论、实例和案例分析等部分合理安排学习时间，以符合当代大学生的认知规律。同时，教师在教学过程中，将风险模型与疫情公共危机管理、损失控制相结合，既加强学生对课程的理解，也让学生充分认识到社会主义制度的优越性，增强民族凝聚力。

（三）信用风险部分课程思政教学设计

信用风险是银行等金融机构面临的最主要风险之一，信用风险一旦发生将会使金融机构蒙受重大损失，甚至引发流动性风险等其他风险，继而引起金融危机和经济危机。因此，全面认识信用风险和衡量信用风险就尤为重要。本章信用风险的度量涉及信用风险暴露、违约概率、违约损失率、预期损失和非预期损失等方面。教师在讲解这部分内容时，可结合现实中的信用风险案例给同学们阐述，做诚实守信的人非常重要。守信者处处受益，失信者处处受限。随着个人诚信体系和社会信用体系日益受到重视，个人守信激励和失信惩戒机制的不断完善，每个人都应珍惜个人的诚信记录，弘扬诚信文化，共同营造“以诚实守信为荣，以见利忘义为耻”的良好社会风尚，努力促进社会发展和文明进步。比如，在国家新冠疫情管控非常严格的时期，疫情面前，容不得半点儿侥幸心理和麻痹思想，隐瞒、不报告才是真正羞耻的行为。我们应该树立诚信意识，以诚实、守信的态度应对疫情，才是对个人、对他人、对社会、对国家负责。面对疫情时，一人的故意隐瞒，可能让无数人陷入险境，让大量的工作前功尽弃。教师通过对内容的探讨分析，应告诫学生信用风险实际上也强调“责任”，培养学生历史责任感、忧患意识，同时保持清醒的头脑；培养学生坚定中国特色社会主义的信念，做一个有理想的人。

（四）市场风险部分课程思政教学设计

本章讲解的市场风险存在于金融机构的交易和非交易业务中。市场风险是因市场价格（利率、汇率、股票价格和商品价格）的不利变动而使商业银行表内和表外业务发生损失的风险。市场风险可分为收益率曲线风险、重新定价风险、基准风险、期权性风险和信贷息差风险。教师在讲解计算公式时，让学生了解到基础数学在金融课程学习过程中的重要性，同时教导学生在学习和工作、生活中要懂得坚持，让知识和经验从量的积累到实现质的突破，了解马克思主义关于量变和质变的原理，同学们无论在学习中还是在今后的工作中，都会有一个积累的过程，正所谓厚积薄发，这就要求我们要有耐心、有定力，有坚持不懈的决心，只有这样，才能到达胜利的彼岸。我国在发展的过程中，始终坚持大力发展制造业，并进行了大量的基础建设，使人们的生活质量得到了迅速的提高，取得了脱贫攻坚的伟大胜利。因此，在教学过程中，教师要引导学生注重基础专业知识的积累。当然，在教学过程中，教师除了传授基础知识之外，也要引导学生关注国家政策方针和市场热点事件，培养学生正确的政治方向、较高的政治素养和爱国情怀，为其未来成为国家金融体系建设者打好思想基础。

（五）利率风险部分课程思政教学设计

利率风险是金融机构面临的又一主要风险。20 世纪 70 年代以前，和固定的汇率制度一样，发达国家对利率实行了严格管制，利率长期稳定，利率风险也很小，也并未受到各国监管当局的重视。但是，随着 20 世纪 80 年代美国滞胀的发生及世界宏观经济形势的大变化，发达国家逐步放松或取消了对利率的管制，利率可以在相当短的时间内发生巨大的变化，直接对金融机构的经营利润产生显著影响。因此，如何识别、测定和管理利率风险成为金融机构日常管理的一个重要内容。教师在讲解利率风险理论以及应用时，可以引入延迟退休的相关话题。我们每个人的生活离不开养老金，这是一个涉及大家切身利益的话题。2021 年 3 月 12 日，在《中华人民共和国国民经济和社会发展第十四个五年规划和 2035 年远景目标纲要》中明确提出，按照“小步调整、弹性实施、分类推进、统筹兼顾”等原则，逐步延迟法定退休年龄。尽管目前学术界有不同的观点，但是针对我国巨大的养老金缺口，延迟退休成为现阶段填补养老金缺口的首选方案之一。随着国家的发展越来越好，教师在教学过程中要把强国梦融入学生的人生观、价值观的塑造，使当代大学生时刻铭记自身的使命与担当，将所学的专业知识服务于国家的需要和民族的复兴。

（六）流动性风险部分课程思政教学设计

市场上存在两类流动性风险，即资产流动性风险和融资流动性风险。金融机构的流动性风险来源可以从内部和外部两方面进行探讨。内部来源主要源于资产负债结构性的影响、决策者的经营思想和行为、金融企业信誉、资产质量、负债结构等；外部来源主要源于中央银行政策的影响、金融市场的发育程度、客户信用和利率变动等方面。教师在讲解流动性风险的理论以及应用时，可以引入新冠病毒感染的话题。在讲解专业知识外，要向学生说明在此次疫情中，我国人民生命安全与健康受到了非常大的威胁，而我国政府始终坚持人民至上、生命至上，凝聚强大的抗疫合力，再次向世界彰显以人为本的执政理念。国家医保局宣布：由国家和政府出钱治疗新冠感染，并且取消、减免异地就医相关限制，确保患者能够安心地治疗。在此次疫情中，我们曾经有过担心、看到了牺牲、流过泪水，但我们更感动毫不畏惧的坚守、执着逆行的勇气，以及更多永不磨灭的伟大民族精神。

（七）汇率风险部分课程思政教学设计

各国之间汇率变动不仅影响国家经济，还关系国民生活水平。汇率风险作为衡量汇率变动的指标，主要体现在交易风险、会计风险与经济风险三方面。准确控制汇率风险敞口，分析国际经济大环境以判断汇率变动走势，运用期权、利率互换等套期保值衍生工具使风险尽可能降低是控制汇率风险的三种不同视角。教师在讲解这部分内容时，结合思政教育可适当展开阐述，比如，操控汇率扰乱金融市场是可耻行为，甚至是犯罪行为，作为一个当代大学生，我们要遵纪守法，不在宿舍内使用大功率及各类违规电器、在宿舍内生火做饭等。特别是随着科技经济的发展，有的学生学习生活压力过大，他们便在法律触及不全面的网络上发泄这些学习、生活、工作上的压力，方法就是语言攻击，被攻击的人被迫接受了这不该他接受的压力和痛楚，有人受到一点伤害后选择避而不见，有人气不过后选择以牙还牙，有人保持理智使用那一点不健全的网络法律、法规保护自己，也有人承受不住报复社会或是摧残自己。这些都是不可取的。教师在讲解这部分内容时，也可将外汇市场的热点事件与思政教育相结合展开阐述，如 1997 年的香港金融保卫战。分析讨论索罗斯在狙击港元前，是如何做空泰铢，导致泰国出现金融危机，进一步蔓延至整个亚洲。再进一步介绍索罗斯狙击港元时，我国政府是如何行动，打退以索罗斯为首的国际游资。向学生彰显我国社会主义制度的优越性，更有利于学生坚定“四个自信”。

（八）操作风险部分课程思政教学设计

本章介绍了操作风险的定义及分类，归纳了操作风险损失事件的详细分类，从定性和定量两方面介绍了操作风险的度量方法等。教师在讲解这部分内容时，可以结合案例分析和讨论金融从业人员职业道德操守对个人，机构乃至金融体系的重要性。例如，以巴林银行事件为例，讨论分析内部人员欺诈等操作风险所带来的后果，引导学生提高职业道德操守，遵守法律、法规。在金融科技迅速发展的当下，操作工具日益多样，金融人员面对的交易数额也愈加庞大，面对如此诱惑，要求金融人才坚守职业道德，强调法律意识成为必要。

（九）压力测试部分课程思政教学设计

《商业银行压力测试指引》中，将压力测试定义为：一种以定量分析为主的风险分析方法，通过测算银行在遇到假定的小概率事件等极端不利情况下可能发生的损失，分析这些损失对银行盈利能力和资本金带来的负面影响。进而对单家银行、银行集团和银行体系的脆弱性作出评估和判断，并采取必要措施。教师在分析压力测试的定义时，结合学生在学习、工作中遇到的压力进行展开阐述，大家要正确面对，自己解决不了的，可请求援助，不要被压力压垮，消极对待，甚至通过其他不良方式“解压”，比如引导学生“关爱生命、远离毒品”。毒品看似遥远，实则很近，作为世界公害，危害到人们的身心健康以及社会经济的发展，引起了国际广泛关注。近年来，新型毒品进入校园的案例也时有耳闻，应告诫学生了解禁毒相关知识，积极参与禁毒公益活动，主动远离毒品，了解我国在禁毒过程中的英雄事迹，预防毒品，人人有责。

总之，在实施课程思政的进程中，充分利用网络平台等教学资源，将课程思政融入教学大纲、教案、课件等各个教学环节，让学生在学习课程的过程中铭记使命及担当，利用学到的知识服务国家的需要和民族的复兴。因此，积极推进课程思政工作是高校加强全方位育人工作的重要抓手，同时也是强化教书育人、加强师德师风建设的重要内容。在今后的工作中，我们继续将课程思政贯穿于学科、专业、教材和管理机制中，推动“课程思政”与“思政课程”的深入发展，帮助学生树立正确的世界观、人生观和价值观。

参考文献

［1］苗永旺．宏观审慎金融监管研究［D］．中国人民大学，2011.

［2］张忠文．成都ZX银行利率风险管理问题及对策分析［D］．电子科技大学，2005.

［3］石磊明．基于KMV模型的地方政府融资平台贷款信用风险研究［D］．复旦大学，2011.

［4］吴双，李毅，李正旺．风险管理类课程思政教育的探索与实践［J］．湖北经济学院学报（人文社会科学版），2022，3（20）.

［5］张强．泰安市E县政府扶持社会养老机构发展问题研究［D］．山东大学，2022.

［6］陈娱，尚权梓．课程思政和思政课程同向同行的价值与实现路径［J］．中学政治教学参考，2022，7（30）.

［7］李志明．有效推动经济社会的适老化转型［J］．中国党政干部论坛，2022，8（6）.

［8］何冠军．以诚信为底立足社会［J］．农村百事通，2022，5（5）.

［9］王娇娇．新时代提升大学生思政课获得感研究［D］．上海师范大学，2022.

［10］刘云云．黑龙江省属院校课程思政实效性研究［D］．哈尔滨理工大学，2022.

［11］王树国．大学应成为引领社会发展的重要引擎［J］．学习时报，2021，11（5）.

［12］赵卫兵．课程思政的设计与探索——以安阳工学院材料力学课程为例［J］．河南教育（高校版），2021，4（10）.

［13］陆静．金融风险管理（第三版）［M］．北京：中国人民大学出版社，2015.

“概率论与数理统计”中的思政元素研究

汪红霞[①]

一、引言

2014 年，习近平总书记在全国高校思想政治工作会议上强调：“思想政治理论课是落实立德树人根本任务的关键课程。”要用好课堂教学这个主渠道，各类课程都要与思想政治理论课同向同行，形成协同效应。“概率论与数理统计”课程是大学本科生必修的一门重要课程，可以为学生后续专业课程的学习和以后的工作奠定基础。实际上，概率论与数理统计的概念以及公式定理背后有着有趣的故事和寓意，蕴含了很多思政元素和社会主义核心价值观，课堂上凝练并融入这些可以极大地吸引学生的学习兴趣，可以收到比思政课堂更生动和深刻的教育效果。本文以龙永红的“概率论与数理统计”为例，对该门课程的典型思政案例进行深度剖析，为教师的“概率论与数理统计”课堂提供新的教学思路，使学生在学到专业知识的同时真切地体会社会主义核心价值观、辩证唯物主义，落实“课程思政”教学以及思想教育，进一步使教学内容更具深度，使课堂更具温度，使教学效果更具广度。

二、思政元素

（一）将发展史融入教学过程，厚植爱国主义情怀

概率论起源于文艺复兴时期，与赌博游戏有关。教师通过对我国概率论的萌芽与发展介绍，让学生了解我国概率论的发展史，吸引学生对课堂学习的兴趣。教师可以介绍蒲丰投针问题与祖冲之圆周率，让学生了解祖冲之在刘徽开创的探索圆周率的精确方法的基础上，首次将“圆周率”精算到小数第七位，即在 3. 1415926 和 3. 1415927 之间，他提出的“祖率”对数学的研

---

① 汪红霞（1983— ），女，安徽安庆，博士，副教授，主要从事时空数据的非参数统计分析、数字经济等方面研究。

究有重大贡献。直到16世纪，阿拉伯数学家阿尔·卡西才打破了这一纪录；也可以介绍许宝騄教授，许教授最先得到 F 检验在奈曼—皮尔逊引理中的优良性，在加强独立随机变量列强大数定律结论、参数估计理论、假设检验理论、多元分析等方面都取得了卓越成就。他带病坚持做研究，用自身的行动诠释了科学家“生命就是为了科学”的奉献精神；还可以介绍山东大学彭实戈教授在非线性数学期望理论及其在金融中应用研究领域取得的突破性进展，为金融学和经济学开辟了崭新的研究领域。通过介绍我国“概率论与数理统计”学者的主要成就和贡献，在教学过程中，以“润物细无声”的方式引导学生从优秀科学家身上汲取崇高的科学素养，让学生认识到我国数学家对整个科学界发展的推动作用，从而激发学生文化自信和爱国情怀，厚植爱国主义情怀。

（二）注重课程知识点，渗透辩证唯物主义思想

“概率论与数理统计”课程中的许多概念和原理不仅仅是知识点本身，而是包含了丰富的哲学思想。

1. 联系与发展

学习乘法公式时，教师可以先抛出问题：抽签是否公平？为什么？通过问题激起学生的好奇心，然后将这个现实问题转化为概率问题，利用乘法公式验证学生的想法。通过例子告诉学生，直觉不一定可靠，要学会用全局的、联系的眼光看问题。第二章中引入了随机变量的概念，是定义在样本空间的实值函数，故随机变量与高等数学中的函数本质上一样，这就是它们的联系。但前者的取值具有概率性和不确定性，这与普通函数取值的确定性不同，可见，二者具有差异性。这正好体现了马克思主义哲学原理中的“联系的客观性、普遍性和多样性”“共性和个性的辩证关系”及“事物的不断发展性”。概率论的教学内容主线之一是分布函数。首先是一维随机变量的分布函数，接着是一维随机变量函数的分布函数，再到二维的以及二维随机变量函数的分布函数，进而是条件分布函数。这些都是围绕分布函数的定义式展开的，教师可以提炼出他们之间的共性、联系性以及发展性，便于学生理解和记忆。正如数学家波尔亚在《怎么解题》中所说：“数学解题就是命题的连续变换，而命题的连续变换就是数学思想方法反复运用的过程，解题的最终目标是把题目归结为已经解过的题。”教导学生要用联系和发展的观点来看问题，同时，可以让学生感知到“透过现象看本质”的理性思维的重要性。

2. 整体与局部

教师介绍多个事件的独立性、多个随机变量的独立性、联合分布与边缘分布时，通过实际例子说明整体和局部之间的关系，整体决定局部，但局部不能决定整体的科学观点。在这部分内容中，可以让学生要以严谨的科学的态度去学习，不能想当然，比如局部独立整体未必独立，并鼓励学生查阅资料举出反例，加深对多个事件、多个随机变量独立的理解，强调局部不能决定整体，同时也能培养学生的探究精神。通过条件分布与随机变量的独立性这部分内容，说明整体和局部之间的关系，局部虽然不能决定整体，但是局部相互之间也可能有一定的联系的科学观点。

3. 随机与确定

介绍频率和概率时，教师可以通过历史上德·摩根掷硬币2048次，出现正面1061次，出现正面的频率为0.5181。蒲丰掷硬币4040次，出现正面2048次，出现正面的频率为0.5069。卡尔·皮尔逊掷硬币12000次，出现正面6019次，出现正面的频率为0.5016；后来又掷了24000次，出现正面12012次，出现正面的频率为0.5005。罗曼若夫斯基投硬币的次数达到了80640次，出现正面39699，出现正面的频率为0.4923。让同学们发现频率具有偶然性，可能取多个不同值。随着实验次数增多，频率呈现稳定性，就是概率，具有必然性，只能取唯一值。这蕴含了确定性和随机性的辩证统一。恩格斯曾指出：“在表面偶然性起作用的地方，这种偶然性始终是受内部隐蔽的规律支配的，而我们的问题只是在于发现这些规律。”

4. 理论与实践

概率论中许多定理是从实践中归纳出来的，如正态分布规律、伯努利大数定律、极大似然估计法等。再如，格里纹科定理说明随着样本容量的增大，经验分布函数一致强收敛于真实分布。这也在一定程度上解释了“实践出真知”的观点，当实践足够多时，人们总结出的经验就无限接近于真理。无产阶级革命家陶铸曾说：“经不起实践检验的理论，是毫无用处的，甚至是有害的。”可以说理论与实践相互依存，二者互为基础、缺一不可。在教学中，教师可以启发引导学生领悟概率论与数理统计中的实践内涵，告诫学生把所学的理论知识要与实际生活结合起来，唯有实践方能出真知。

5. 量变与质变

习近平总书记2013年在十八届中央政治局第五次集体学习时的讲话中提出“蠹众而木折，隙大而墙坏”，2014年提出“千里之堤，溃于蚁穴”……

教师在授课时，可以由伯努利大数定律、小概率事件等的推导引出量变引起质变的哲学原理，进而启发学生坚持不懈、锲而不舍、厚积而薄发。设某个事件 A 在一次实验中发生的概率 $P(A) = 0.00001$，可只要不断独立地重复做 n 次实验 A，则 A 发生的概率论为 $\lim_{n\to\infty} 1-(1-0.00001)^n = 1$，则 A 迟早会发生几乎是必然的。这里面经历了量的积累，最终产生了质的变化。提醒同学们“勿以恶小而为之，勿以善小而不为”。另外，还可以勉励同学们学习、做事要有恒心，“锲而不舍，金石可镂”“水滴石穿，贵在坚持”“只要功夫深，铁杵磨成针”。以“敬畏”的态度对待坏的小概率事件，以积极向上的心态对待好的小概率事件。大数定律是描述独立重复做大量的实验的时候，实验结果是统计规律的一个定律。

（三）结合案例加强学生品德修养，培养学生优秀道德品质

1. 拼搏探索

案例设计：教材中涉及的诸多重要定理、不等式多是以人物的名字命名，如数学家切比雪夫、伯努利、泊松等，讲述他们锲而不舍、精益求精的钻研精神；用以影响学生。培养胸怀祖国、勇攀高峰、严谨治学、团结协作的社会主义接班人。例如，切比雪夫的左脚生来有残疾，且在俄罗斯数学教学缺乏教材、缺少数学大家等一系列较差条件的历史背景下从事他的数学创造，最终形成了令世界瞩目的数学学派，从而使俄罗斯数学走在了世界前列。

思政元素挖掘：人文精神可以陶冶人，榜样示范可以激励人。榜样示范能够激励和陶冶学生，榜样有时会成为人生的灯塔，指引前进的道路，实现人生的梦想。历史上很多著名人士在学习阶段受到榜样的影响，进而树立人生的理想，保持初心，通过长期坚守才取得骄人的业绩。引导学生学习这些数学家的严谨求真、锲而不舍的优秀品质，教育学生要有不断探索、勇于追求真理的精神。克服困难，走出逆境，以一颗勇敢的心迎接各种挑战，并最终获得胜利。鼓励学生具有勇于奋斗、乐观向上、自强不息的人生态度和孜孜不倦、不畏艰险的学习精神。

2. 诚实守信

在学习全概率公式与贝叶斯公式的时候，我们可以用公式计算出村民对孩子的可信度是怎样随着孩子一次次说谎而降低的。

案例设计：还记得小时候听过的“狼来了”的故事吗？放羊的小男孩在连续两次说谎后不再被人信任，结果第三次狼真的来了时酿成悲剧。假设起初大家认为小孩的可信度是0.8，并认为一个可信的小孩说谎的概率为0.1，

一个不可信的小孩说谎的概率为0.5，你能用贝叶斯公式分析小男孩可信度是如何急剧下降的吗？

解答： 设A表示小孩可信，$\overline{A}$表示小孩不可信，B表示小孩被认为说谎，则当第一次村民听到“狼来了”时，有

$$P(A)=0.8,\ P(\overline{A})=0.2,\ P(B|A)=0.1,\ P(B|\overline{A})=0.5$$

第一次村民上山打狼，发现狼没有来，即小孩说了谎，村民根据这个信息，利用贝叶斯公式

$$P(A|B)=\frac{P(A)P(B|A)}{P(A)P(B|A)+P(\overline{A})P(B|\overline{A})}\approx 0.444$$

对小孩的可信程度降低为0.444。

当村民第二次听到“狼来了”时，有

$$P(A)=0.444,\ P(\overline{A})=0.2,\ P(B|A)=0.1,\ P(B|\overline{A})=0.5$$

第一次村民上山打狼，发现狼没有来，即小孩说了谎，村民根据这个信息，利用贝叶斯公式

$$P(A|B)=\frac{P(A)P(B|A)}{P(A)P(B|A)+P(\overline{A})P(B|\overline{A})}\approx 0.138$$

再一次应用贝叶斯公式计算这个小孩第二次说谎后，村民对他的可信程度为0.138，如此低的可信程度，村民听到第三次呼叫怎么再会上山打狼呢？

思政元素挖掘： 这个例子表明，随着事件因果循环的发展，一个人的信任度可以由较高的水平降为较低的水平，最终导致比较严重的后果。教师在授课时可以将诸如此类案例的计算结果与社会主义诚信观穿插结合起来，引导学生树立正确的意识：诚实守信是中华儿女的传统美德，也是一个人的立身之本、立身之基，要做一个诚实诚恳、信守承诺的人，传承这种美德。

3. 求真务实

案例设计： 彩票问题——幸运35选7，从01，……，35中选7个号码，其中7个基本号码，1个特殊号码。中奖规则为，(1) 7个基本号码都中是一等奖；(2) 中6个基本号码 + 1个特殊号码是二等奖；(3) 中6个基本号码是三等奖；(4) 中5个基本号码 + 1个特殊号码是四等奖；(5) 中5个基本号码是五等奖；(6) 中4个基本号码 + 1个特殊号码是六等奖；(7) 中4个基本号码，或3个基本号码 + 1个特殊号码是七等奖。

解答：将35个号码分成三类：7个基本号码、1个特殊号码、27个无用号码。设A_i为中i等奖，则

$$P(A_1)=\frac{C_7^7C_1^0C_{27}^0}{C_{35}^7},\ P(A_2)=\frac{C_7^6C_1^1C_{27}^0}{C_{35}^7},\ P(A_3)=\frac{C_7^6C_1^0C_{27}^1}{C_{35}^7},\ P(A_4)=\frac{C_7^5C_1^1C_{27}^1}{C_{35}^7}$$

$$P(A_5)=\frac{C_7^5C_1^0C_{27}^2}{C_{35}^7},\ P(A_6)=\frac{C_7^4C_1^1C_{27}^2}{C_{35}^7},\ P(A_7)=\frac{C_7^4C_1^0C_{27}^3+C_7^3C_1^1C_{27}^3}{C_{35}^7}$$

“36 选 7”玩法的中奖概率为0.033。同样，可计算七乐彩中一等奖的概率为二百零三万分之一，双色球全中红球的中奖概率为一百一十万分之一，而双色球中一等奖的概率大概是一千八百万分之一。有笑话说，全世界的数学家都不会去买彩票，因为他们知道，在买彩票的路上被汽车撞死的概率远高于中大奖的概率。

思政元素挖掘：让学生直观感受到彩票中奖和赢得赌博都是小概率事件，通过这样的结果警示学生不要期望通过投机取巧和碰运气来赚取钱财，要脚踏实地努力争取。教师还可以通过全概率公式和贝叶斯公式计算出平时不努力学习考试靠猜题及格的概率，这是一个非常小的概率，用这个结果告诉学生不要期望不劳而获，要脚踏实地努力学习才能取得好成绩，无论学习还是生活都要学生树立正确的价值观，一定要有求真、务实的精神。

4. 团结协作

案例设计：常言道“三个臭皮匠顶个诸葛亮”，有其科学道理吗？

解答：设 A_1、A_2、A_3 为三个臭皮匠分别解决某一问题，B 为诸葛亮解决某一问题，$P(A_1)=0.45$、$P(A_2)=0.55$、$P(A_3)=0.6$、$P(B)=0.9$，由事件的独立性，得到三个臭皮匠同时解决问题，问题被解决的概率为

$$P(A_1\cup A_2\cup A_3)=1-P(\overline{A_1}\overline{A_2}\overline{A_3})=1-0.55\times0.45\times0.4=0.901>0.9$$

思政元素挖掘：三个智力寻常的“皮匠”居然能解出90%以上的问题，聪明的诸葛亮也不过如此！这就是俗语“三个臭皮匠，顶一个诸葛亮”的概率解释。在讲解事件的独立性时，可以通过这个例题，让学生潜移默化地认识到团结的重要性、集体的重要性，“众人拾柴火焰高”。集体是力量的源泉，众人是智慧的摇篮，孤雁难飞、孤掌难鸣，在现实生活中，我们应该群策群力攻难关，团结合作创佳绩。

5. 关注民生

案例设计：“不要把鸡蛋放到一个篮子里”这是众所周知的俗语，也是投资理论中的至理名言，如何理解？

解答：这句俗语中的道理可以用系统的可靠性理论进行类比，把鸡蛋类比为独立工作的电子元件，把一个篮子类比为一条串联电路，多个篮子类比

为多条并联电路。考虑最简单的情形，并用数学语言表述为：设某系统中有 $2n$ 个独立工作的电子元件，每个元件能正常工作的概率为 p。A 系统由 $2n$ 个电子元件串联而成，B 系统由两条电路并联而成，其中每条电路都由 n 个电子元件串联而成。试比较它们的可靠性。这里，A 系统相当于在篮子里放上所有的鸡蛋，B 系统则是将所有鸡蛋平均放在两个篮子里。用 A_i 表示事件“第 i 个元件正常工作”，$i = 1,2,\cdots,n$。A_1，A_2，$\cdots,A_{2n}$ 是相互独立的，A 系统能正常工作的概率为 $P_A = p^{2n}$，而 B 系统能正常工作的概率为 $P_B = 2p^n - p^{2n}$。而

$$\frac{P_B}{P_A} = \frac{2p^n - p^{2n}}{p^{2n}} = \frac{2}{p^n} - 1 > 1$$

得 $P_B > P_A$。这表明，相比于把鸡蛋放在一个篮子里，把鸡蛋平均放在两个篮子里更为可靠。类似地，还可以进一步讨论把鸡蛋放在多个篮子里的可靠性。

思政元素挖掘：“不要把鸡蛋放在一个篮子里。”这句俗语不仅教我们在进行投资理财时需要分散投资以减少风险，也告诉我们在平时做事的时候，为了稳妥，最好“一颗红心，两手准备”。通过介绍将要学到的统计方法在抽样调查及数据分析中的作用，鼓励学生参加全国大学生市场调查与分析大赛、统计建模大赛等，深入了解一些社会热点问题，关注民生民意，从大学生角度进行建言献策。

三、小结

思政教育走入概率统计课堂犹如一股清风，为概率统计原有教学模式提供了一些新的思路和视角。笔者根据自己教学过程中的一些经验与体会，提出在“概率论与数理统计”中可以融入的课程思政点，期望为其他专业课程的课程思政实施提供学习与借鉴。但对于概率统计思政功能的充分发挥，还需要我们不断实践与努力。作为教师，我们要始终保持学习的热情，紧随时代发展，不断提升自己的思政意识和思政能力，做学生名副其实的引路人。

参考文献

[1] 吴静怡，朱亮．学习共同体理论在高校课程思政建设中的应用研究[J]．浙江万里学院学报，2018（5）：107－110.

[2] 龙永红．概率论与数理统计［M］．北京：高等教育出版社，2009：12－170.

［3］周小双，张玉坤．《概率论与数理统计》教学中融入课程思政的实践与探讨［J］．德州学院学报，2021（37）：86－88.

［4］韩彩虹，夏荧，庞思敏，等．概率论与数理统计中的思政元素的探究与融合［J］．教育观察，2020（1）．

［5］张慧，朱庆峰，杨广芬，等．《概率论与数理统计》课程思政案例设计及应用［J］．高等数学研究，2021，4（24）：117－120.

［6］罗晓援，刘军．生活谚语新解——从概率论角度［J］．黑河学院学报，2013，4（5）：115－116.

统计学类课程中思政元素的探索研究

杨　洋　马　昕[①]

在习近平总书记新时代中国特色社会主义思想的指导下，我国高等教育事业迎来了蓬勃的发展。近年来，高校教育事业的教学理念、教学模式随着信息化时代的到来发生着重大变革。“金课”“一流课程”“一流专业”等目标的专业建设和课程建设成为高校教学改革的重头戏。而在这些课程建设过程中，我们应该关注并坚持人才培养的最终目标——立德树人。2016 年 12 月，习近平总书记在全国高校思想政治会议上提出了“要坚持把立德树人作为中心环节，把思想政治工作贯穿教育教学全过程，实现全程育人、全方位育人”。2019 年 3 月，习近平总书记在学校思想政治理论课教师座谈会上要求“经师易求，人师难得”。教师承载传播知识、传播思想、传播真理，塑造灵魂、塑造生命、塑造新人的时代重任。思政课教师要给学生心灵埋下真善美的种子，引导学生“扣好人生第一粒扣子”。办好思政课，就是要开展马克思主义理论教育，用新时代中国特色社会主义思想铸魂育人，引导学生增强中国特色社会主义道路自信、理论自信、制度自信、文化自信，厚植爱国主义情怀，把爱国情、强国志、报国行自觉融入坚持和发展中国特色社会主义、建设社会主义现代化强国、实现中华民族伟大复兴的奋斗之中。

党中央高度重视高校大学生的思想政治教育工作，要求高校教师用好课堂教学这个主渠道，各门课程都要与思想政治理论课同向同行，形成协同效应。2018 年，教育部原部长陈宝生也强调了“高校要明确所有课程的育人要素和责任，推动每一位专业课老师制定开展‘课程思政’教学设计，做到课程门门有思政，教师人人讲育人”。立德树人在高校教育教学中的重要地位由此确立，这就要求高校教师在专业课程教学中全面渗透思想政治教育，将立德树人的灵魂注入各类课程、各个专业的建设中，进行全面创新。

---

① 杨洋（1979—　），男，江苏南京，博士，教授，主要从事金融统计、风险管理与精算学、应用概率论等研究；马昕（1982—　），女，江苏镇江，博士，教授，主要从事生物统计等研究。

一、大学统计学类课程思政的现状

大学统计类课程是所有高校面向大学二年级甚至高年级学生开设的通修类课程，具有覆盖学生面广、学习时间连贯的特点，总结大学统计学类课程在课程思政建设的开展上存在的优势和劣势包括以下几点。

（一）大学统计学类课程开展思政教育的劣势

大学统计学作为财经类高校统计学专业及其他专业的必修基础课，传统的教育思想是培养学生收集分析数据的统计原理、统计方法，并以此提高解决问题的能力和逻辑推理的能力。因此，传统统计学课程教学模式就是“知识传授、分析讲解、例题解析”“三部曲”模式。另外，统计学的基本概念、理论和运算方法较多且抽象，国家质量标准有明确的教学要求，因而学生关注的重点集中在基本概念、理论和运算方法类的知识层面，思想政治教育很少在大学统计学类课程中体现。同时，部分教师认为：“统计学虽然亦文亦理，但大部分属于理科范畴，跟思想政治很难融合。并且大学专门开设了思想政治类的课程，学生的思政教育完全可以在这些课程上传授完成。”甚至认为，辅导员是思政教育的第一导师，辅导员的谆谆教导能够让大学生很好地接受思政教育，完善自己的人格，建立理想信念，培养道德情操。事实上，专业教师才是思政阵地的第一职责人，在专业课程中融入思政元素，更有利于打开学生的视域，从更高的站位去理解自然科学和人文科学。因此，部分专业教师思政理念的片面在很大程度上限制了自身对“课程思政”教育理念的吸收，失去了大学统计学类课程进行思政教育的先机，阻碍了大学立德树人工作的全方位展开。

（二）大学统计学类课程开展思政教育的优势

大学统计学类课程开展思政教育其实具有自身优势。首先，个人理解统计学类课程是理工科课程中的“文科”课程，我们知道，统计学课程既强调统计原理方法，也注重统计思想和数据处理。后者源于生活实际中的问题，需要结合施教者和受教者自身的阅历和经验，从生活中来，到生活中去。崇高的价值观和先进的分析法有助于教师和学生高屋建瓴地分析数据，构建模型，融汇原理，甄选方法，从更高的角度“降维”解决实际问题。

其次，统计学类课程的知识点不“死板”，丰富有趣的思政素材比比皆是，从“梅累骑士的平分赌金问题”“帕斯卡与费马的通信”，到“巴拿赫火柴盒问题”“波利亚坛子问题”“巴格达窃贼问题”“赌徒输光问题”“群体

（氏族）灭绝问题”等历史名题。

再次，大学统计学类课程一般面对大学低年级学生开展，授课对象年龄较小，早期的思政培养有利于树立青年人正确的价值观，从而获得良好的思政引领效果。

最后，大学统计学类课程为学生后续专业课程的学习和未来的工作实践奠定坚实的基础，是本科阶段最为重要的基础课程，相比其他科目，学生也更重视偏技术方法的统计学类课程的学习，因此，在统计学数学类课程中，融入思政教育，能够起到事半功倍的作用。

二、大学统计学类课程思政的重要意义

大学生的思想政治教育在传统教学中如果仅依靠单一的思想政治类课来完成，还远远不够，想要实现党中央提出的立德树人的目标，还需要其他专业课程中的思政教育来补充。而对于专业课程，教师都是课堂教学的引领者和领航员，可以引领学生的思想、指导学生的学业、传播思政的理念、增强学生的实操。如果专业教师能够在专业课程中有效地融入专业思政教育，那将会比高校中显性的思政类课程达到更有价值的“全程育人、全方位育人”的效果。知识大厦只有建立在深厚的道德伦理基础上才能坚如磐石，因此，专业课程的教师应该尽职地承担起自身的育人责任，充分地发挥所授课程的育人功能。

大学统计学类课程有许多知识源于实际生活，因此，实践中的案例可以与课堂上知识相结合，这种做法与单纯理论的思想政治教育相比，更容易引起学生的强烈共鸣，如能将思政内容和课堂上的数学知识兼容并蓄，有机融合，则能在潜移默化中传播社会主义核心价值观。而且大学统计学类课程众多，通过细致地挖掘，可以从每门课程的教学内容中挖掘出诸多的思政元素，将这些思政元素春风化雨、润物细无声般融入教学内容中，让学生在大学统计学课堂中学到专业知识的同时还受到良好的思政洗礼。作为课堂教学的组织者和引导者，教师应该起到这个引导者的作用，推动“思政教育走进课堂”，完成知识传授与价值引领的有机融合。综上所述，大学统计学的“课程思政”其实是很有必要的。

三、大学统计学类课程思政的实现途径

（一）重视思政教育，培养思政意识，提升教师思政技能

课堂是实施课程思政的主阵地，教师是课堂教学的组织者，起主导作用。教师的言行举止、价值观和人生观都会对学生产生潜移默化的影响。因此，增加大学教师的教师思政意识，提升教师思政能力是课程思政的重中之重，课程思政的实施要以教师思想意识和教育技能的提升作为切入点。马克思曾说过："教育者本人一定是受教育的。"大学统计学教师除了必须具备渊博的专业知识并了解统计学科前沿外，还需要培养自身的思想政治能力，领会党的各项教育方针、社会主义核心价值观、唯物辩证法思想，关注社会热点，进而对教学内容产生政治上的敏感度，深入挖掘出本课程的思政内容，才能在传授知识的同时，游刃有余地将思政元素融入统计学课堂教学中，润物细无声地对学生开展思政教育，才能让学生在课堂上不知不觉中接受德育熏陶，潜移默化地提高学生思想政治水平，把价值观引导在知识传授中。教师在课堂上用自身的个人魅力来感染学生，用敬业负责和积极向上的工作态度来影响学生，通过榜样作用在整个教学过程中时刻影响学生的言行和思想，授人以渔，让学生更积极主动地吸收并创造课堂教学中的专业知识技能和崇高的思政理想，水到渠成地完成立德树人的根本任务。

（二）优化教学内容，拓宽学习途径，提升学生思政水平

2020 年 9 月，习近平总书记明确地指出："要把课堂教学和实践教学有机结合起来，充分运用丰富的历史文化资源，紧密联系中国共产党和中国人民的奋斗历程，深刻领悟马克思主义中国化的内在道理，深刻领悟为什么历史和人民选择了中国共产党和社会主义，进一步坚定'四个自信'。"

传统的课堂教学中思政元素少之又少，通常只能完成课程自身的知识和能力培养目标，难以实现立德树人的远大目标，进而受教育者也只是空有知识理论而无理想抱负，完全有违教书育人的目的。因此，在大学统计学教学中，教师要把"育人"目标与"知识""能力"目标有机地融合到一起，在对课程教学内容进行设计时合理地挖掘思政元素，将思政教育融入教学的每一个环节中，确保正确的价值观、科学的哲学思想能渗透到整个课堂教学中。

例如，在谈统计学科的起源、发展历程及其广泛的应用领域时，可以向学生特别介绍我国在这方面研究的先驱者——许宝騄教授。众所周知，许教授在加强独立随机变量列强大数定律结论、参数估计理论、假设检验理论、

多元分析等领域都取得了卓越成就，并且是世界公认的多元统计分析的奠基人之一。他曾在英国伦敦大学学院留学并任教，但他心怀祖国，学有所成后就毅然回国，在北大举办了国内第一个概率统计的讲习班，为我国培养了一批概率统计学科教学和科研的人才。许教授献身祖国、献身科学的精神永远值得我们学习。

再如，最为经典的伯努利概型揭示了小概率事件的量变与质变规律，因此可以联系辩证唯物主义三大规律，由此引申出“坚持与实践”“锲而不舍，金石可镂”的思政元素。在教学一道简单的例题：某人进行射击，假设每次射击的命中率只有 0. 02，独立射击 400 次，由二项分布公式可计算得到至少击中两次的概率约等于 0. 9972，即击中目标至少两次是几乎可以肯定的。可见，一个事件（因素）尽管在一次试验中发生的概率很小，但在大量的独立重复试验中，这事件的发生几乎是必然的。也就是说，小概率事件在大量独立重复试验中是不可忽视的。这说明，虽然只是一件微不足道的小事或收获，但只要坚持做下去就会产生意想不到的惊喜，“水滴石穿，贵在坚持”。这个定理可以联系量变与质变的规律。习近平总书记 2013 年在十八届中央政治局第五次集体学习时的讲话指出“蠹众而木折，隙大而墙坏”，2014 年指出“千里之堤，溃于蚁穴。”教师在授课时，可以由大数定律、小概率事件等的推导引出量变引起质变的哲学原理，进而启发学生坚持不懈、锲而不舍、厚积薄发。同时，辩证唯物主义除了包含量变与质变规律外，还包含对立统一规律。从某种意义上说，概率论与数理统计存在对立与统一的关系：概率论重理论、数理统计重实践。比如，新药的使用剂量就是要利用大量的临床实验样本统计得出的，这些科学研究都体现了只有经历量的积累，最终才能产生质的飞跃这一辩证法理论。由此可以劝诫同学：“勿以恶小而为之，勿以善小而不为。”任何事情都有两面性，从另一方面来看，教师也可以勉励同学们在学习、工作、生活中做事要有恒心，“锲而不舍，金石可镂”。

类似种种，将思政元素渗透大学数学的课程教学大纲中，可以有效地完成教学任务的“育人”目标，达到高等教育人才培养方案要求。

（三）转变学生观念，遵循参与原则，尊重学生主体地位

立德树人是大学教育的最终目标。在大学统计学教学课堂中融入课程思政教育，应以学生为中心，以学生的学情作为落实点，深入分析学生的学习态度、学习需求、学习心理、成长规律和价值取向，这样才能探索出将思政教育有效地融入大学统计学教学的可靠路径。一直以来，学生对统计学学习

都存在“唯成绩论”，而对思想政治教育存在“唯思政课论”，将统计课程的学习与思想政治教育区分开，这种观念是需要扭转的。大学统计学教师要设计科学、行之有效的课程教学大纲，引导学生在课堂上主动将统计知识学习与思想政治学习有机结合，从细节到局部、从局部到整体，再从整体到局部的思维模式，引导他们形成更为完善的世界观、价值观和人生观，自觉提升自身的思想政治观念，让学生由被动学习转变为学习上的主动探索。

苏联伟大的教育家苏霍姆林斯基曾有这样一句名言：“人的内心里有一种根深蒂固的需要——总想感到自己是发现者、研究者、探寻者。”这说明，学生在学习中是占据主体地位的，大学教师要尊重学生在课堂的地位，充分发挥学生的主体作用，改变以往教学过程中附加的道德说教的课程思政模式。也只有尊重学生的主体地位，才能激发学生行为参与、思维参与和情感参与的积极性。因此，在大学统计学的课堂教学中，可以结合学生实际，设计切合学生生活的案例，让学生能够积极地投入问题的发现和解决过程，通过这些实际的案例有机融合思政元素，让学生能在潜移默化中接受思政教育，实现大学统计学类课程在知识传授、能力培养和德育教育等方面的综合功能，保证课程思政育人的效果。

四、结束语

大学统计学类课程是大学生必修的科目，各门课程中都蕴含着丰富的思政元素，值得我们不断探索。思想道德、辩证唯物主义、时代精神、家国情怀、社会主义核心价值观等元素都蕴含在课程中，如能融入课堂，贯穿课程教学，必定能达到理想的立德树人的效果。

因此，大学统计学类课程的思政教育走进课堂是极其必要的。想要在课堂上实现知识传授与价值引领的统一，就需要在课堂教学中将统计学类课程与思政教育有机结合，让学生在显性地学到专业知识的同时，又能隐性地接受德育教育，起到“协同效应”，真正实现全程育人、全方位育人。

参考文献

［1］习近平．把思想政治工作贯穿教育教学全过程［EB/OL］．http：//www. xinhuanet. com/politics/2016 –12/08/c_ 1120082577. htm.

［2］陈宝生．在新时代全国高等学校本科教育工作会议上的讲话［J］．中国高等教育，2018（Z3）：4 –10.

[3] 王雅萍．基于课程思政理念的高等数学教学改革探索 [J]．湖北开放职业学院学报，2020 (2)：108－110.

[4] 马克思，恩格斯．马克思恩格斯文集（第1卷）[M]．北京：人民出版社，2009.

[5] 韩彩虹，夏茨，庞思敏，等．概率论与数理统计中思政元素的探究与融合 [J]．教育观察，2020 (9)：103－105.

[6] 苏霍姆林斯基．给教师的一百条建议 [M]．杜殿坤编译．北京：教育科学出版社，1984.

“概率论”和“数理统计”课程思政教学改革的实践与探索

马 昕①

习近平总书记在2016年12月召开的全国高校思想政治工作会议中提出，要把社会主义核心价值观融入“教书育人”全过程，用好课堂教学这个主渠道，各门课程都要与思想政治理论课同向同行，形成协同效应。在2019年3月召开的学校思想政治理论课教师座谈会上，习近平总书记再次强调了“课程思政”的重要性：“要坚持显性教育和隐性教育相统一，挖掘其他课程和教学方式中蕴含的思想政治教育资源，实现全员全程全方位育人。”由此可见，“课程思政”是新时代高校政治思想教育发展的趋势，是实现大学生树立正确的人生观、价值观和世界观的重要方式，是培养社会主义建设者和接班人的重要途径。

当今大学的教学中普遍存在这样一个误区：思想政治教育是诸如“马克思主义原理”等思政理论课的教学范畴，是思政课教师的教学任务，而自己的专业课程应该以学生专业知识的学习掌握与专业技能的提升为主要职责。这些观念都导致了思政课与通识课、专业课各自为政的局面，从而影响了高校育人的效果。实际上，如果各类课程的课堂教学资源能够有效地融入思政教育，就能形成育人格局，达到配合思想政治类课程协同育人的要求，从而推进“立德树人”教育理念的发展。

一、“概率论”和“数理统计”课程融入思政教育的意义

“概率论”和“数理统计”是大学数学专业的重要专业课程，两门课程的目的让学生具有概率论和数理统计的基础概念、基本理论和运算技能的能力，让学生掌握处理数理统计实际问题的能力，为今后研究自然科学、农业科学、生命科学、管理科学和社会经济学等领域中出现的统计问题提供了有

① 马昕（1982— ），女，江苏镇江，博士，教授，主要从事生物统计等研究。

效的数学工具。

以往，高校学生的思想政治教育大多依靠思政类的理论课来完成。但是学生普遍忽视思政类课程的教学，导致思政课程对学生的吸引力不足，思想政治教育的效果并不理想。因此，想要实现全过程、全方位的思想政治教育目标，还需要其他专业课程的思政教育来弥补原有的思政理论课程的不足。所谓的“课程思政”，就是在讲授专业课程自身理论知识的同时，挖掘理论知识中所关联的思政要素，并将其有机地引领融入专业课的教学中，培育德才兼备的全方位发展的社会主义接班人。

“概率论”和“数理统计”课程是大学数学专业本科生必修的两门具有连续性的重要课程，可以为学生后续专业课程的学习和以后的工作奠定基础。而这两门课程与现实生活紧密结合，其中有许多思政元素可以思考、挖掘和提炼，在讲课的时候可以将辩证唯物主义、政治思想道德、社会主义核心价值观、时代精神、家国情怀等元素融入课堂，贯穿整个课程教学。在“概率论”和“数理统计”的课程教学过程中有机加入思政元素，可以在传授专业理论知识的同时，注重学生正确三观的引导，在培养学生数学方面的科学精神、逻辑思维的同时，进一步培养学生的社会责任感、民族自豪感和家国情怀，真正实现党中央提出的“三全育人”的任务，完成立德树人的要求。

此外，由于“概率论”和“数理统计”的实用性强和与后续专业课程的联系紧密，大学生非常重视两门课程的学习，因此在课程中展开思政教育，可以达到更好的效果。并且“概率论”和“数理统计”是所有数学类专业的专业课，授课对象人数较多，并且这两门课程开设在大学第二学年，学生的思政理论有一定的基础，再结合上两门课程的思政教育，可以达到理想的效果，因此“概率论”和“数理统计”确实可以为思政教育提供良好的平台。

二、“概率论”和“数理统计”课程思政教学改革的实践途径

（一）将思政教育渗入教学大纲

教学大纲引领了课堂教学的方向，是教学内容的浓缩，指引了课堂教学的目标。课堂教学目标是指课堂的教学预期达到的效果，明确了教师在教学过程中需要达到的教学要求和完成标准。依据高等教育人才培养方案的要求，通过教师的课堂教学，学生不仅需要掌握教学大纲中要求的知识和能力，还应该成为合格的应用型人才。在此培养目标的要求下，“概率论”和“数理统

计”的教学需要达成三个目标（见图1）：第一目标——知识目标：学生应该掌握“概率论”和“数理统计”的基础知识和思维方法；第二目标——能力目标：学生应该掌握自主学习的能力，能够通过课程的知识迁移来独立分析、解决实际问题；第三目标——育人目标：通过课堂学习要求学生树立正确的三观，具有强烈的社会责任感和使命感。由这三个目标的内容可以了解到，第三目标对其他目标起到提纲挈领的作用，是大学课程教学的终极目标。

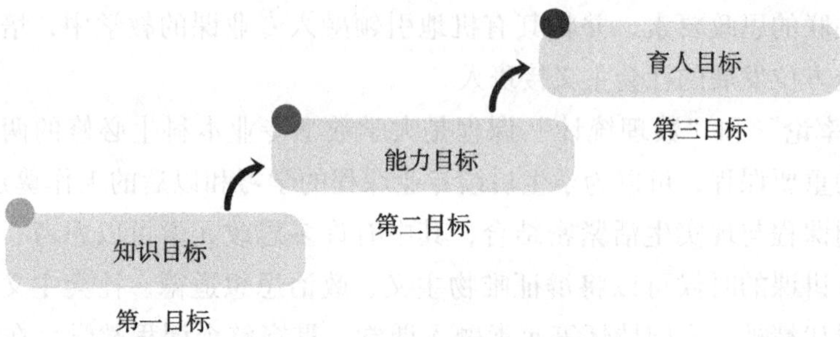

图1　教学活动的三大目标

传统的“概率论”和“数理统计”课程教学模式是“传授知识、举例说明、解答例题”“三部曲”的模式，在整个课堂教学中思政教育的出现犹如蜻蜓点水，致使课程的第三目标这一终极目标与前两项目标相去甚远。这种忽略学生的思政培养而只注重知识与能力培养的教学方式，只能培养出空有理论而无思想的学生，是完全有违教学育人目的的。因此，在“概率论”和“数理统计”的思政课堂中，教师要把“育人”目标与“知识”“能力”目标有机地融合到一起，在课程的教学大纲设计时合理地挖掘思政元素，将思政教育融入教学大纲的每一个环节中，确保正确的价值观、科学的哲学思想能渗透到整个课堂教学中。

比如，上“数理统计”第一课的时候，教师一般会提到该学科的起源、发展及其应用，这时可以特别介绍我国在这门课程研究领域的先驱者——许宝騄教授。许宝騄教授在强大数定律、多元分析、参数估计理论、假设检验理论等方面都取得了卓越的成就，成为世界公认的多元统计分析的奠基人之一。许宝騄教授曾在英国伦敦大学留学并任教，但他心怀祖国，学有所成后就毅然决然地回国效力，在北大举办了国内第一个概率论与数理统计的讲习班，为我国培养了一批本学科的教学和科研人才。通过这些，不仅可以让学生了解我国数理统计发展的历史与辉煌成就，从而增加学生的民族自豪感与荣誉感，激发学生的爱国热情，还能让学生自发学习许教授献身祖国、献身科学的精神。再如讲授数学期望的时候可以在最后做个学习延伸：除了课堂上所讲的经典数学期望外还有非线性数学期望。我国彭实戈教授在非线性数学期望这方面作出了巨大的贡献，他建立了动态非线性数学期望理论：g－期望理论，这一理论是研究金融数学的非线性动态定价问题以及动态风险度量问题的重要工具，经常被应用到实际金融市场中。这样的学习延伸不仅有助于激发学生的课外学习兴趣，还能了解学科前沿，培养学生的爱国情怀。类似种种，将思政元素渗透到统计课程教学大纲中，可以有效地完成教学任务的"育人"目标，达到高等教育人才培养方案要求。

（二）将思政元素有机融入教学内容

传统的"概率论"和"数理统计"教学内容一般只有完整的知识理论体系，思政元素只是以自学形式或选学内容辅助性地穿插到相关理论知识的教学中，因而淡化了教学内容中的思政元素。但在"概率论"和"数理统计"中仔细挖掘，可以挖掘出许多思政元素，这些都可以对大学生思政教育起到有效帮助。在教学过程中，将思政内容春风化雨、润物细无声般融入教学内容中，有机地将专业课程与思想政治教育相结合，潜移默化地把思政元素融于专业知识中，既可以让学生显性地学到专业知识，又可以使学生隐性地受到良好的思想教育，真正做到"思政教育走进课堂"，实现知识传授与价值引领的统一。

例如，数学中的很多定理、公式都是用人名来命名的，如泊松分布、切比雪夫不等式、李雅普诺夫中心极限定理等，教师在介绍这些内容的时候可以适时穿插一些名人逸事，这一教学方式不仅可以提高学生听课兴趣，还能让学生树立勇于奋斗、不畏艰险的学习精神，教育学生像这些科学家一样具备不断探索、勇于追求真理的精神。

而在介绍数学期望时，理论知识是指数学期望又称"均值"。或者说，是对未来的预期，教师可以通过抽奖案例为切入点，让学生了解数学期望是理性决策的基础，通过计算期望可以让大家对未来要有切合实际的期望，能够脚踏实地去实现自己的任何一个决定，不能只考虑最理想的结果，还要考虑到最理想的结果出现的概率大小和其他结果以及这些结果出现的概率；否则，若只考虑最理想的结果，那么，由比尔·盖茨从大学退学创业成了世界首富，大家是不是都应该从大学里退学呢？因为从大学退学的最理想结果就是成为世界首富。但是，教师可以通过对退学成为首富的事件期望的计算，分析出成功概率非常低，由此劝诫学生凡事要脚踏实地，不能轻信盲从，无论理想结果看起来多么诱人，都要经得起诱惑。毕竟幸运儿都是极少数的。这些案例的分析，让学生明白事件期望还是由原本事件的分布得到的，脱离了实际的期望是难以实现的，唯有制定合理的目标，再通过踏踏实实的学习工作才能有所成就。

在学完贝叶斯公式后，可以让学生利用该公式解释《烽火戏诸侯》的典故中为什么周幽王点燃烽火后诸侯不来救援。通过贝叶斯公式将这个典故中的问题转化为数学问题，假设诸侯开始对周幽王的信任度为0.8，利用贝叶斯公式可以得出周幽王第一次烽火戏诸侯后，他的可信度下降到0.444，而后对贝叶斯公式进行修正，计算出第二天诸侯被戏耍后周幽王的信任度就下降到0.138。如此低的可信度，不要说点燃烽火了，估计把整个王城都给点燃了都没有用。在解释完这个问题后，可以顺势问学生：这个故事给你们什么启发？其实从这个经典案例的引入，就能让学生懂得做人要守诚信的道理，由此自然而然地向学生宣扬诚信的重要性，让学生明白在现代社会，诚信是公民必须恪守的基本道德准则之一，是社会主义核心价值观的基本内容之一，由此可以水到渠成地向学生宣传党的社会主义核心价值观中关于公民基本准则的内容。

（三）将思政观念嵌入教师意识

言传不如身教，教师是思政教育的关键。马克思曾说过："教育者本人一定是受教育的。"因此，课程思政的实施要以教师思想政治意识和教育教学水平的提升作为切入点。为了把思政教育有机地融入"概率论"和"数理统计"教学中，润物无声地传授给学生，教师本人要好好学习和领会党的各项方针政策、唯物辩证法思想、社会主义核心价值观等思政元素，对教学内容产生政治上的敏感度，深入挖掘出本课程的思政内容，只有这样才能在教学过程中有意、有机、有效地把相应的"课程思政"的内容和理念传播给学生。共产党员是党中央各项政策的坚定执行者，是社会主义核心价值观的天然捍卫者。由此可见，党员教师更应当成为思政教育理念的主要践行者，做好其他教师的引领工作，最终形成一支专业和思想都过硬的课堂思政教师队伍，让学生在课堂上既掌握"概率论"和"数理统计"的知识和思维方法，还在潜移默化间进行全程的思想政治教育。

（四）将思政教育浸入课程实践

"概率论"和"数理统计"属于数学学科中应用性很强的特色科目，广泛适用于自然科学、社会科学、工程技术、军事科学及生活实际等各领域。

学生通过学习这两门课程的知识，能用概率论的思想解决“随机”事件的问题；用数理统计的观念去发现“数据”并且处理各种数据资料。因此，课程在学生的大学生涯中会有很多实践应用，比如参加全国大学生市场调查与分析大赛、全国大学生统计建模比赛等大型的比赛、参加大学生创新创业训练项目、参加统计局等政府机关组织的社会实践等。教师在这些实践应用中渗透思政教育，能够在起到巩固知识传授和能力培养的同时，在潜移默化间完成了对学生三观的培育和塑造的效果。

比如，实践应用中的第一步是抽取样本，在这一步，告诫学生在抽取样本的时候须秉承实事求是的实验态度和价值观要求。虽然现在社会上的很多数据都因为种种原因，存在脱离实情的现象，但不实的数据分析出的结果也是有违现实情况的，通过这种方式获得的虚假信息会大大阻碍我国的经济发展，影响我国的社会发展。因此，在实践应用的第一步，就需要向学生说明实事求是的重要性，让学生迈入社会前就培养好认真、严谨、求实的良好行为品质和办事作风。再如，我们可以鼓励学生利用课程的所学参与到各项统计实践中，在实践应用中关注民生民意，深入了解和挖掘出一些社会热点问题，讨论是否可以用所学知识解决一些社会生活中小的“短板”问题。在这些问题的发现和解决过程中，调动学生的主观能动性，激发学生的思想碰撞，将课堂上的理论与现实中的实际充分结合，由大家群策群力，从大学生角度对国家政府进行建言献策。由此不但能完成教学的第一目标（知识目标）和第二目标（能力目标），还能培养学生为国家出力的责任精神，树立学生的主人翁精神，进一步达成教学的第三目标（育人目标）。

三、结束语

“概率论”和“数理统计”课程思政教学改革的目的是通过充分利用两门课堂教学的主战场，将挖掘出的思政元素渗透课程全过程，在课堂上将知识传授、能力培养和思想引领传授给学生，达到“三全育人”的目的。这就要求教师要保持思政教育的敏感性，全方位、多渠道探索“概率论”和“数理统计”课程思政的途径，从课程的知识点深入挖掘思政内容，保持在课程原本特色的基础上融入思政元素，循序渐进、因势而导，这才是科学的思政理念。

参考文献

［1］习近平．把思想政治工作贯穿教育教学全过程［EB/OL］．http：//

www. xinhuanet. com/politics/2016 - 12/08/c_ 1120082577. htm.

[2] 代玉良. 从思政课程到课程思政：高校思想政治教育创新路径探析 [J]. 宁波职业技术学院学报，2019 (2)：63 - 65.

[3] 梁暹. 关于课程思政的几点思考 [J]. 教育教学论坛，2018 (30)：42 - 43.

[4] 江颉，罗显克. 新时代课程高校 "课程思政" 建设的路径探究 [J]. 中国职业技术教育，2018 (32)：84 - 87.

[5] 奚迪. 高校课程思政平台建设的意义及对策研究 [J]. 教书育人 (高教论坛)，2019 (12)：57 - 59.

[6] 李习平. 思想政治教育融入高职药学专业教学的探讨：以《药事法规》课堂中思想政治教育的融入为例 [J]. 岳阳职业技术学院学报，2009, 24 (5)：81 - 83.

[7] 郑奕. 大学数学 "课程思政" 的思考与实践 [J]. 宁波教育学院学报，2019 (1)：59 - 61.

[8] 吴珞. 大学数学课程思政推进方法初探 [J]. 高教学刊，2020 (4)：72 - 74.

[9] 纪跃芝，王纯杰，曹蕾，等. 《应用回归分析》的课程教学改革与实践 [J]. 教育教学论坛，2014 (2)：250 - 252.

[10] 董小刚，郭志元，袁晓惠，等. 《多元统计分析》的课程思政教学模式改革探索 [J]. 教育现代化，2019, 6 (85)：148 - 149.

[11] 毛华. 高校数学课堂教学与思政课建设的协同效应之探索 [J]. 高教学刊，2020 (14)：70 - 73.

[12] 刘宝平. "课程思政" 理念下大学物理教学改革的实践与思考 [J]. 江苏建筑职业技术学报，2019, 19 (2)：63 - 65.

[13] 张艳，陈美蓉，王亚军，等. 课程思政理念下概率论与数理统计教学改革的探索与实践 [J]. 教书育人 (高教论坛)，2019 (12)：80 - 81.

[14] 吴红艳，吴美华. 理工科课程实践 "课程思政" 的道路探索——以概率论与数理统计为例 [J]. 教育现代化，2019, 6 (66)：105 - 107.

[15] 韩彩虹，夏荧，庞思敏，等. 概率论与数理统计中思政元素的探究与融合 [J]. 教育观察，2020, 9 (1)：103 - 105.

[16] 马克思，恩格斯. 马克思恩格斯文集 (第 1 卷) [M]. 北京：人民出版社，2009.

[17] 贾朝勇. 漫谈概率论与数理统计中的哲学思想 [J]. 赤峰学院学报(自然科学版), 2011 (9): 1-2.

[18] 王东梅. 概率统计的唯物辩证法思想探析 [J]. 学理论, 2014 (30): 52-53.

[19] 李燕. 发挥党员教师在教育教学改革中的先锋作用 [J]. 广州城市职业学院学报, 2017 (3): 37-41.

从工业5.0看统计学学科高质量发展

徐振宇①

党的二十大报告提出："加快发展数字经济""构建新一代信息技术、人工智能、生物技术、新能源、新材料、高端装备、绿色环保等一批新的增长引擎"。上述意见为统计与数据科学学院加快发展，为统计学与数据科学发展指明了前景与方向。在数字经济快速发展背景下，欧盟委员会正式提出工业5.0战略，在强调工业在经济—技术层面韧性及就业、增长目标的同时，更加强调社会—人文层面和自然—生态层面的价值，强调尊重和保护地球生态，强调生产者利益，并将之视为社会稳定与繁荣的基石。工业5.0对于加快发展数字经济，加快打造新一代信息技术、人工智能等新增长引擎，都有一定的借鉴意义，对于作为上述重要领域理论、方法与学科基础的统计学学科的高质量发展，也有一些重要启示。

南京审计大学于2021年正式获批博士学位授予单位，统计学一级学科获批博士学位授权点，给统计与数据科学学院的学科建设、专业建设、人才培养与社会服务都带来了空前的机遇。与此同时，在经济社会发展日新月异、经济技术迅速变革、国际形势波诡云谲的复杂背景下，统计学学科建设和人才培养面临的挑战与压力也前所未有。对照国家对统计学人才培养与学术研究的需求，以及学校党委对统计与数据科学学院统计学学科加快发展的要求，统计学学科仍然有相当大的差距。学科建设是学校和学院高质量发展的龙头，如何加快统计学学科高质量发展，更好地服务于学院学科建设和高水平人才培养，扬长补短，是摆在学院每位专任教师面前的重大现实问题和不容回避的难题。

一、工业5.0的经济社会背景与基本内涵

自第一次工业革命发生以来，人类史已经历多次工业革命。面对新一轮

---

① 徐振宇（1977— ），男，博士，教授，博士生导师，主要从事流通与消费研究、城乡经济调查与统计测度。

的工业革命，德国提出工业 4.0，强调通过在企业内部和企业之间广泛应用包括物联网（IoT）、大数据分析（BDA）、人工智能（AI）、云计算和增材制造等在内的现代信息技术，将生产中的供应、制造、销售信息数据化、智慧化，以达成快速、有效、个性化的产品供应，最终实现所谓“面向未来的智能制造”。工业 4.0 总体上仍然重点聚焦经济－技术维度，或者说更多地考虑经济利益层面的可持续性，而在很大程度上忽略了整体可持续性，尤其是忽略了自然－生态维度和社会－人文维度的价值。工业 4.0 更多地强调通过数字化和人工智能等技术提高生产效率和灵活性，有减少工作岗位和扩大社会不平等的倾向，个人隐私泄露风险有可能加剧。

基于工业 4.0 的上述缺陷，为促进智能制造、数字经济、绿色经济健康发展，尤其是经济、社会、生态等多维度的可持续发展，以欧盟委员会于 2021 年发布的《工业 5.0：迈向持续、以人为本且富有韧性的欧洲工业》报告（*Industry* 5.0：*Towards a Sustainable*，*Human－centric and Resilient European Industry*）为重要标志，欧洲学界、业界和政界合作正式提出工业 5.0，强调生产必须尊重地球的“边界”，必须将员工福祉置于生产过程的中心，更加强调就业和增长之外的社会目标。在疫情持续冲击的背景下，工业 5.0 还对“韧性”或“弹性”提出了明确要求。

欧盟正式提出的工业 5.0，其基本内涵大致可以从社会－人文、自然－生态和经济－技术三个维度，即高度重视“以人为本”、高度重视保护生态环境和高度重视经济韧性。具体内涵包括以下三个方面：

第一，在社会维度高度重视“以人为本”。工业 5.0 高度重视“以人为本”（Human－Centric European Industry）。正如前文指出的，工业 4.0 在提高生产效率和灵活性的同时，可能引发工作岗位减少、不平等扩大和个人隐私泄露等一系列社会与经济问题。工业 5.0 强调“以人为本”，通过更好地处理人机交互问题，完善相应的福利政策，致力于缓解上述问题：一是新技术应用的核心是服务于人，满足工人的多元化需求，而不是仅停留在数字化转型等纯技术层面，更不是简单的“机器换人”。工人应该被视为企业最重要的投资，且有权利参与包括机器人、人工智能在内的智能制造技术设计和部署。二是充分利用人工智能等技术为员工创建一个更加安全包容的工作环境。重复性、简单或存在安全隐患的工作尽量交给机器，人工智能等信息技术用于应用帮助工人完成那些比较复杂的专业性任务，至于那些需要谨慎判断的创新性工作则留给人类。另外，企业所采用的新技术应尽可能直观和方便使用。

三是企业应高度关注工人技能的持续提升。强调加强企业与培训机构间的深度合作，尤其是加快培养工人的数字化技能，以更好适应自动化和数字化程度不断提高背景下劳动力市场的复杂需求。这也正是2018年以来欧盟先后出台的《人工智能白皮书》《欧洲技能议程》《数字教育行动计划》等都强调掌握新数字技能的基本背景。

第二，在生态维度高度重视保护生态环境。工业5.0强调“可持续性”（Sustainable European Industry），尤其强调保护生态环境和绿色发展。包括人工智能在内的技术进步，在帮助企业优化资源利用效率和减少资源浪费的同时，也有加深对环境侵害的风险。因此，不能忽略经济繁荣表象背后的生态环境代价，必须实现经济社会发展与生态环境之间的动态平衡。近年来，为应对全球气候变暖，很多国家开始实行“绿色新政”，努力在气候、海洋、能源、交通、制造业、农业、地区发展以及研发方面助推碳达峰碳中和；企业家不再仅关注经济效益，可持续性和绿色发展成为日益紧迫的议题。欧盟是全球范围内最重视可持续发展的地区。早在2001年，欧盟就已开始推动可持续发展理念在企业间传播，2009年出台《生态设计指令》（*Ecodesign Directive*）以规范生产的可持续发展技术标准，2017年出台《能源标签指令》（*Energy Labelling Regulation*）进一步推动监管执行。2020年通过新的循环经济计划也表明欧盟在实现“碳中和”，从而推动可持续发展方面所作的努力。

第三，在科技维度高度重视产业韧性。工业5.0强调韧性或弹性（Resilient European Industry），可理解为生产的适应度和灵活性，即要求供应链和产业链有更高的稳健性，在面对“不可抗力”的外界因素持续冲击的情况下，仍然可以保证供应链的平稳运营。过去几十年来，经济全球化的全面推进，使不同经济体得以更好利用全球市场更高效配置资源，但是，经济全球化是典型的“双刃剑”，在加快各国经济增长的同时，也在不同程度上导致了供应链、产业链的脆弱性。近年来，受地缘政治与新冠疫情冲击等因素的影响，全球供应链产业链脆弱性不断凸显，越来越多的国家和企业开始认识到经济全球化背景下生产方式的不稳定性。欧盟的工业5.0战略，将通过健全风险防范投资机制、提升自主可控水平和推动智能工厂建设等措施提升供应链产业链的韧性。

二、工业5.0对统计学学科提出的新要求

美国统计学会（American Statistical Association，ASA）将统计学视为一门

从数据中学习的科学（the Science of Learning from Data）。伴随新一代信息技术与数字经济的快速发展，从数据中学习的需求将会持续增长。近年来，与统计学学科建设，密切相关的人才培养与社会服务，所面临的内外部环境都在发生迅速而巨大的变化，要求统计学学科成员更新知识结构，要求相关教研室优化课程体系与讲授内容，要求学院调整教师教学科研社会服务的考核评价办法。学科建设最终必须服务于人才培养。结合对党的二十大报告的学习，受欧盟提出的工业5.0的启发，加快推进统计学学科高质量发展，关键在于强化学生在多个维度的知识、能力、理念与理论。在未来的职业生涯中，应该始终强调以人为本、可持续性和必要的韧性。对于统计与数据科学学院，无论是专任教师，还是学院管理人员和各专业各层次就读的学生，以及很快将要招收的博士后研究人员，都应在科学－技术、社会－人文和自然－生态等维度强化提升知识与能力。

第一，继续加强科学－技术维度的知识与能力。专任教师在统计学与数据科学方面的理论基础应更加扎实，在计算机技术方面应更加娴熟，中青年教师在机器学习、人工智能等新兴领域应该更新知识与技能，并考虑基础理论、计算机技术、人工智能与现实应用场景间的融合衔接。与此同等重要甚至更加重要的是，专任教师必须加快优化课程体系，更新讲授内容，教会学生统计学基础理论与基本方法，学会自主学习并形成终身学习的习惯，以更好地适应未来不断变化的经济社会环境和日益激烈的职场竞争，在提升自身适应性与灵活性的同时，助力产业链、供应链维持必要的韧性与稳健性。

第二，强化社会—人文维度知识与理念的熏陶。考虑到日益流行的自动化、数字化、智能化技术在客观上有减少岗位、扩大不平等和泄露个人隐私的倾向或风险，“以人为本”理应得到更多的强调。或者说，人类的利益和需求必须被明确放在首要位置。无论是专任教师，还是在校学生，都必须清楚，包括人工智能和数字化在内的所有新技术，都是为提升人类的生活质量服务的，尤其是为改善生产者福祉而服务的。为此，即便是理工科的教师和大学生，也应切实强化对文学、历史、哲学、伦理学等人文学科以及经济学、社会学等社会科学的涉猎与研读，扩大阅读面，参加更多经济社会领域的研讨，方能使自己掌握的各种现代技术更好地服务于人和工人的多元化需求，采用更加直观和好用的技术模式，营造更加安全、包容的工作环境。

第三，高度重视自然—生态维度知识与理论的培塑。有关可持续性、绿色发展的理论与知识，是国内不少高校统计学院的科研与教育盲点。在统计学与数据科学研究、教学过程中，有必要对地球的“边界”保持必要的尊重，助力技术创新、商业模式创新与数据科学深度融合，努力推动清洁低碳制造、绿色生产和资源重复利用与再利用，提升资源配置效率，减少资源浪费，助推节能减排。

第四，强化统计理论、方法、计算机技术与专业领域知识的交叉融合。在对业界的访谈中，部分大型平台企业负责产业互联网业务的管理人员特别强调，在近年来成为热点和风口的人工智能和大数据领域，除了需要扎实的统计学理论与娴熟的计算机技能，还必须具备坚实的专业领域知识与经验。缺乏同坚实的专业领域知识经验的有机衔接融合，过于依赖计算机专业人员，恰恰是前些年很多做产业互联网业务走弯路的重要原因。一个非常重要的表现是，不少用在产业互联网中的软件往往是“中看不中用”。

三、南京审计大学统计学学科高质量发展的思考

第一，加快一流师资培养与引进。落实党的二十大报告关于“人才是第一资源”等重要精神，“引”“培”结合，以“培”为主，加大对青年教师培养的支持力度，并放眼全国重点引进有发展潜力的人才，强化师资队伍建设的可持续性。在学院师资规模与编制总体有限的约束下，在博士生招生指标在短期内很难迅速增长的背景下，为更多更快地涌现高质量代表性成果，应尽快将学院批量招收统计学博士后和师资博士后提上议事日程，应尽快加强与学校人事处、省人力资源和社会保障厅的沟通，尽快解决我院博士后“招收”资格与指标问题。

第二，强化对一流博士生生源的吸引。采用包括专项培养资金/基金等各种办法切实提升研究生尤其是博士生生源质量。同时，考虑增加硕博连读的指标，以及在本科阶段持续推进统计学人才基地班等模式筛选并留住本校优秀生源。

第三，优化课程体系与授课内容。为更好地适应数字经济与人工智能为代表的经济社会领域的重大变化，必须尽快优化统计学学科下所有专业的课程体系，除继续强化科学—技术维度的知识与能力外，还应强化学生在社会—人文维度知识和理念的熏陶，重视自然 - 生态维度知识与理论的培塑，并强化学生在统计理论、方法、计算机技术与专业领域知识的交叉融合。

第四，进一步提升社会服务层次与水平。统计学与数据科学都是典型的应用学科，应更加强调科研成果更多地用于人才培养与社会服务。除更好地

服务于党的十九届五中全会提出的“推进统计现代化改革”和党的二十大报告提出的“完善碳排放统计核算制度”，加强共同富裕、新发展格局、“双碳”、消费、乡村振兴等重点领域的监测评估外，还应全面加强对经济社会发展的服务能力。应更加重视发挥江苏省政府审计与大数据研究院等新型智库的平台作用，更加重视咨政研究报告上报与激励，重视横向课题与培训等工作。

在学校党委领导下，贯彻落实第五次党代会确定的“三步走”战略，学院班子将引领年龄结构、知识结构、性别结构、专业结构、职称结构合理，奋发向上、老中青结合的统计学人才队伍，将统计学一级学科越办越好，包括数理统计学、社会经济统计学、金融统计、风险管理与精算学以及审计大数据统计等方向都将进一步发展壮大，在江苏和全国的地位和影响力都将持续稳步提升。

参考文献

［1］曹培杰．智慧教育：人工智能时代的教育变革［J］．教育研究，2018，39（8）：121－128.

［2］唐汉卫．人工智能时代教育将如何存在［J］．教育研究，2018，39（11）：18－24.

［3］徐振宇，李修迪．工业 5.0 与扩大内需［J］．中国商界，2023（2）：24－27.

思政哲学在运筹学中的体现

李保珍①

一、引言

哲学是研究认识现实、存在和知识的本质的学科，它探讨有关道德、伦理、政治和生命意义的问题。思政哲学是哲学的一个子领域，侧重于与思政、权力和国家相关的问题，它涉及诸如正义、自由和国家在社会中的作用等问题。

运筹学是一个跨学科领域，它使用数学和统计方法来帮助组织作出更好的决策，它关注的是为运输、物流、生产计划和资源分配等领域的复杂问题寻找最佳解决方案。值得注意的是，运筹学还可用于帮助提高系统和流程的效率和有效性、降低成本并提高整体绩效。运筹学的最终目标是作出明智的决策，从而为组织和个人带来更好的结果和改进的结果。

哲学和思政原则在运筹学中的整合在为道德决策提供信息以及塑造现实世界问题的有效解决方案的设计和实施方面起着至关重要的作用。运筹学中哲学和思政意识形态反映突出了价值观和信仰对决策方法发展和复杂问题解决方案实施的影响。同样重要的是，要注意运筹学中哲学和思政哲学的表现有助于对决策过程带来更深层次的理解，不仅要考虑问题的技术方面，还要考虑伦理和社会问题潜在解决方案的影响。

二、运筹学中的哲学

（一）决策中的功利主义

功利主义是一种哲学观点，认为一个行为的道德价值取决于它的整体有用性或对大多数人的有用性。在运筹学中，功利主义可以通过使用旨在最大化系统或最大数量的人的整体利益的数学模型和算法来反映在决策中。这可

---

① 李保珍（1975—　），山西晋中，博士，教授，主要从事网络大数据分析、优化决策等研究。

以在资源分配等应用程序中看到，其目标是以为社会带来最大整体利益的方式分配资源。功利主义经常被用在运筹学中，作为在存在价值冲突的情况下作出道德决策的一种方式。

同样值得注意的是，功利主义有其批评者，并可能导致道德困境，例如为了大多数人的利益而牺牲个人或少数群体的利益。在运筹学中，这突出了不仅要考虑解决方案的数学优化，还要考虑其伦理和社会影响的重要性。为了解决这些问题，运筹学研究人员可以结合功利主义使用其他哲学观点，如道义伦理学，以确保他们的决策模型不仅有效，而且合乎道德和公平。

（二）约束制定中的道义伦理学

道义伦理学是一种哲学观点，认为道德规则和义务决定了行为的正确或错误，而不管结果如何。在运筹学中，道义伦理可以通过使用限制可行解决方案范围的伦理约束来反映在约束制定中。例如，在军事行动中，道德约束可以用来限制某些被认为违反道德原则的武器或战术的使用。通过将道德原则视为决策模型中的约束条件，运筹学研究人员可以确保他们的解决方案符合道德准则并遵守道德标准。通过这种方式，约束制定中的道义伦理学为作出基于一组规则或原则的伦理决策提供了一个框架，而不是基于对行动结果的评估。这在行动的后果不确定或可能存在冲突的价值观或目标的情况下特别有用。

同样值得注意的是，道义伦理学可以为在复杂和困难的情况下作出道德决策提供一个清晰的框架。通过在决策过程中明确考虑道德责任和义务，运筹学研究人员可以确保他们的解决方案不仅有效，而且符合道德准则。此外，使用道德约束有助于提高决策的透明度和问责制，因为指导制定约束的道德原则已明确定义并传达给利益相关者。

（三）目标制定中的美德伦理

美德伦理强调道德决策中的品格和习惯，而不是规则或后果，作为道德生活的关键要素。在制定目标时，这可能意味着考虑一个人想成为什么样的人（如诚实、慷慨、勇敢），并将其作为设定和追求目标的指导原则。这可以帮助确保一个人的行为符合他们的价值观，并导致充实和美德的生活。

在美德伦理中，考虑一个人的目标和行为对他人的影响并为共同利益而努力也很重要。这可能涉及考虑一个人的行为对他人造成的后果，并努力在一个人的目标追求中促进公平、正义和同情心。此外，智慧、节制和正义等美德可以作为确定要追求的适当和道德目标的路标。

三、运筹学中的思政哲学

（一）自由主义和以市场为导向的解决方案

自由主义是一种强调个人自由和平等、有限政府和自由市场的政治和经济哲学。以市场为导向的解决方案是指依靠供求等市场力量配置资源和解决经济问题的方法。在一个自由的、以市场为导向的社会中，经济和社会问题的解决是通过市场的运作来寻求的，政府的作用是有限的。这种方法的支持者认为，市场在个人和公司的自利行为的引导下，将带来高效和最佳的结果。这种方法的批评者认为，以市场为导向的解决方案可能并不总能为整个社会带来最佳结果，因为它们可能导致收入不平等、环境退化和其他负面外部性。

以市场为导向的解决方案也可能因其专注于利润而忽视决策制定中的社会和道德考虑而受到批评。在一个完全以市场为导向的社会中，有些人可能会争辩说，社会中最弱势成员的福利可能会被忽视，因为他们可能没有有效参与市场的手段。另外，以市场为导向的解决方案的支持者认为，市场为个人和经济自由提供了更多的选择和机会。关于以市场为导向的解决方案与替代方法的争论仍在继续，每一方都提出了各自立场的论点。

（二）马克思主义和中央计划解决方案

马克思主义是一种主张无阶级社会的政治和经济理论，它批判资本主义，主张生产资料由工人拥有和控制，从而走向社会主义社会。中央计划解决方案是指政府作出所有经济决策并管理生产资料的系统。在马克思主义的背景下，中央计划被视为向无阶级社会的过渡阶段，在这个阶段，国家代表工人阶级采取行动，建设社会主义经济。在中央计划中，政府决定生产什么、如何生产以及为谁生产。这个想法是为了创造更平等的财富分配，并消除市场体系导致的经济低效和剥削。

中央计划的批评者认为，它扼杀了创新，导致效率低下和短缺，并破坏了个人自由和自主权。支持者认为，它可以带来更公平的结果和更可持续的经济，满足所有社会成员的需求，而不仅仅是少数富人。在20世纪，包括苏联和中国在内的几个国家以各种形式实施了中央计划，越来越多的共识认为，结合了市场和中央计划元素的混合经济可能是平衡经济效益和公平的更有效方式。

（三）保守主义和面向传统的解决方案

保守主义是一种强调传统、权威和维持现状的政治意识形态，它重视稳定和渐进的变化，而不是快速或激进的变革。以传统为导向的解决方案是指，基于随着时间的推移传承下来的既定信念、价值观和实践的方法。在保守的背景下，这些解决方案被视为植根于对传统的尊重和对前几代人智慧和经验的认可。在以传统为导向的解决方案中，重点是维持现有的社会、政治和经济结构与实践，而不是进行根本性的改变。这种方法的支持者认为，传统提供了稳定性和连续性，并且随着时间的推移，既定的制度和做法得到了完善和改进。

以传统为导向的解决方案的批评者认为，它们可能会抵制变化，导致停滞不前，无法适应新的挑战和机遇。他们还争辩说，传统有时可以用来为不平等和压迫辩护，而不是作为智慧和指导的来源。以传统为导向的解决方案通常与有限政府和自由市场经济的偏好有关，因为保守派倾向于重视个人自由和财产权。然而，一些保守派也支持政府在维护法律和秩序、维护社会和道德价值观以及确保国家安全方面发挥强有力的作用。

在实践中，保守主义通常涉及在保留传统与适应新现实和挑战之间取得平衡，这可能会导致保守派运动内部出现不同的观点，因为不同的个人和群体对传统、权威和变革的重视程度不同。

四、案例分析

（一）救灾行动中的功利主义

功利主义是一种哲学方法，认为如果一种行为能为最多的人带来最大的幸福或快乐，那么它在道德上就是正确的。在救灾行动的背景下，功利主义建议有关资源分配和援助的决定应该基于最大化整体福祉和最小化痛苦的潜力。例如，功利主义会建议优先向最需要帮助的地区或人群提供援助，这些地区或人群的援助取决于受影响人数、痛苦的严重程度以及援助对减轻痛苦的潜在影响等指标。功利主义还建议尽可能以最有效的方式使用资源，以最大限度地发挥救灾工作的整体积极影响。

救灾功利主义的批评者认为，它可能导致道德妥协，并且可能没有考虑到受灾者的个人需求和权利。他们还可能争辩说，功利主义在实践中可能难以实施，因为准确评估不同行动的影响并平衡相互竞争的利益和需求可能具有挑战性。救灾中的功利主义也会引发对短期影响和长期影响之间权衡的伦理担忧。例如，功利主义可能会建议优先考虑立即进行的救济工作，以减少眼前的痛苦，即使这些工作对受影响的社区或环境有长期的负面影响。此外，功利主义可能无法解释资源和援助分配中的分配正义和公平问题。它可能会优先考虑大多数人的福祉，而不是边缘化或少数群体的福祉，即使这些人口受到灾难的影响尤为严重。

尽管存在这些批评，功利主义在许多救灾行动中仍然是一种流行且有影响力的方法，因为它为决策制定提供了一个直接而客观的框架。然而，它经常与其他伦理方法结合使用，例如基于权利的方法或美德伦理，以解决功利主义的一些局限性和批评。

（二）军事行动中的道义伦理学

道义伦理学，也称为责任伦理学，是一种哲学方法，认为如果行为本质上是好的，或者如果它遵守道德规则或责任，那么它在道德上是正确的。道义伦理学强调道德责任和义务，例如保护无辜生命的责任和尊重人的尊严的责任。在军事行动的背景下，道义伦理学建议有关使用武力的决定应以一套明确的道德原则为指导，例如非战斗人员豁免原则，该原则认为不应对非战斗人员使用军事力量——战斗人员，如平民和援助人员。道义论还建议，关于使用武力的决定应遵循比例原则等原则，该原则认为，使用的武力应与军事目标成比例，不应对非战斗人员造成不应有的伤害。

军事行动中道义伦理学的批评者认为，它会导致道德僵化和无法适应战场上不断变化的环境。他们还可能争辩说，道义伦理学可能难以在实践中应用，因为在面对复杂且快速变化的情况时确定最佳行动方案可能具有挑战性。

尽管存在这些批评，但道义伦理学仍然是军事行动中一种重要且有影响力的方法，因为它为就使用武力以及保护人的生命和尊严作出决策提供了一个清晰一致的框架。然而，它经常与其他伦理学方法结合使用，例如结果主义或美德伦理学，以解决道义论伦理学的一些局限性和批评。军事行动中的道义伦理学也会引发关于先发制人或预防性战争道德的问题。道义伦理学可能表明，军事力量只能用于自卫或应对直接威胁，而使用武力以防止未来威胁或促进政治或经济利益在道德上可能是不合理的。此外，道义伦理可能无法解释资源分配中的分配正义和公平问题以及军事人员之间的风险和利益分配。例如，道义伦理学可能不会考虑分配危险任务或分配利益和支持军人及其家属的公平问题。

总之，虽然道义伦理学为在军事行动中使用武力作出决策提供了一个清晰的框架，但它经常与其他伦理方法结合使用，以解决其某些局限性并提供更细致和全面的理解军事行动中涉及的道德问题。

（三）环境可持续性运营中的美德伦理

美德伦理学是一种哲学方法，它强调道德行为者的性格和习惯，而不是规则或后果，作为伦理思维的关键要素。在环境可持续性运营的背景下，美德伦理建议个人和组织应努力培养促进可持续性的特定美德或道德习惯，例如勇气、智慧、责任和同情心。例如，勇气意味着采取大胆的行动来减少一个人的碳足迹并提倡对环境负责的政策，即使面对反对或个人不便。智慧意味着就资源使用作出明智和合理的决定，同时考虑到一个人的行为的短期和长期后果。责任意味着对一个人对环境的影响承担责任并努力减轻这种影响。同情意味着考虑子孙后代的福祉以及一个人的行为对其他物种和生态系统的影响。

环境可持续性运营中的美德伦理也强调个人成长和发展的重要性，因为个人和组织寻求培养对环境负责的习惯和思维方式。这种方法认识到应对环境可持续性挑战不仅需要个人行动，还需要转变文化规范和价值观，更加尊重环境和自然世界。环境可持续性美德伦理的批评者认为，它可能过于主观，可能无法就如何应对具体的可持续性挑战提供明确的指导。他们还可能争辩说，美德伦理可能无法有效促进大规模变革，因为它依赖于个人行为，可能无法解决导致环境退化的系统或制度因素。

尽管存在这些批评，但美德伦理仍然是环境可持续性的重要且有影响力的方法，因为它为发展环境责任和管理的个人和组织文化提供了框架。当与道义论或后果论等其他伦理学方法结合使用时，它可以提供对环境可持续性道德维度的更细致和全面的理解。

五、结论

美德伦理关注品格和道德习惯，作为伦理决策的基础，而不是规则或结果。在目标制定中，美德伦理会强调追求培养诚实、同情和公平等美德的目标的重要性。自由主义是一种优先考虑个人自由和竞争的思政哲学。在以市场为导向的解决方案中，自由主义原则支持这样一种观点，即市场是分配资源的最有效手段，政府干预应仅限于维护公平竞争环境和保护个人自由。马克思主义是一种政治和经济哲学，主张生产资料的集体所有制和经济的中央计划。中央计划解决方案旨在通过中央机构协调经济活动来实现集体目标，如充分就业、资源公平分配和社会福利。保守主义是一种强调传统、权威以及维护社会和政治秩序的思政哲学。以传统为导向的解决方案优先考虑保留既定的规范、价值观和制度，并谨慎看待变化。功利主义是一种哲学方法，它根据行为的后果来判断行为的道德性。具体而言，是对最多人的最大利益。在救灾行动中，功利主义建议决策者应该优先考虑为受灾者带来最大整体利益的行动。道义伦理学是一种哲学方法，侧重于行动的内在道德，而不是其后果。在军事行动中，道义伦理学建议使用武力只能用于自卫或应对直接威胁。环境可持续运营中的美德伦理建议个人和组织应努力培养促进可持续发展的特定美德或道德习惯，如勇气、智慧、责任和同情心。这种方法强调个人成长和发展对更大环境责任的重要性。

在运筹学中考虑哲学和思政哲学很重要，因为它有助于提供一个框架来理解在不同运营环境中指导决策的价值观和优先事项。通过考虑道德和政治因素，运营研究人员可以确保他们的模型和解决方案符合利益相关者的价值观和目标，并且对社会负责。哲学和思政哲学还可以为解决运筹学中可能出现的伦理困境和权衡提供指导。例如，功利主义方法可能建议在救灾行动中优先考虑为最大多数人谋取最大利益，而道义主义方法可能会强调行动的内在道德，如避免在军事行动中伤害非战斗人员。此外，在运筹学中考虑哲学和思政哲学有助于确保解决方案透明、负责，并反映不同利益相关者的观点和利益的多样性。通过采用考虑伦理和政治因素的多学科方法，运筹学研究人员可以创建更能响应社会复杂和不断变化的需求的解决方案。总之，在运筹学中考虑哲学和思政哲学很重要，因为它有助于确保解决方案符合伦理和政治价值观，为解决伦理困境提供指导，并反映不同利益相关者的观点和利益的多样性。

应鼓励运筹学研究人员、哲学家和政治学家之间的跨学科合作，将伦理和政治考虑纳入运筹学模型和解决方案。进一步研究不同运营环境中出现的道德和政治权衡以及这些权衡对利益相关者的影响。开发可以将道德和政治考虑因素（如公平和公正）纳入决策过程的规范模型。进行案例研究，检查在现实世界的运营环境中考虑哲学和思政哲学对运筹学的影响。运筹学中的研究透明度和问责制，包括如何明确伦理和政治考虑以及如何使决策过程更加透明。鼓励公众参与并与利益相关者合作，以确保伦理和政治考虑反映在运筹学解决方案中，并且解决方案能够响应社会的需求和价值观。考虑道德和政治价值观方面的文化差异，以及这些差异如何影响运筹学解决方案在世界不同地区的实施。总之，运筹学中哲学与思政哲学交叉的未来研究应侧重于跨学科合作、伦理和政治权衡、规范模型、案例研究、透明度和问责制、公众参与和文化差异。

参考文献

[1] 李佃来．马克思政治哲学中的人道主义意蕴［J］．求索，2020，318（2）：26－35.

[2] 徐作辉．立脚点的重设：马克思政治哲学对自由主义的根本性超越［J］．理论学刊，2020，290（4）：119－129.

[3] 马满好，刘进．运筹学类课程教学中的课程思政研究［J］．高教学刊，2020，157（35）：176－179.

[4] 陈俊霖，李明珍，杨雨．管理决策分析课程教学中课程思政研究［J］．高教学刊，2021，7（33）：153－156，160.

[5] 张景波，刘阳，刘永林．党史学习教育融入高校思想政治教育的价值评价、逻辑证成与路径选择［J］．重庆大学学报（社会科学版），2022，28（2）：121－131.

[6] 朱慧芸．高校思想政治教育存在问题与解决策略探索［J］．新西部（理论版），2016，379（16）：116，143.

课程思政引领下“应用多元统计分析”课程翻转课堂教学设计

朱春华[①]

一、引言

2016 年，习近平总书记在全国高校思想政治工作座谈会上提出：“做好高校思政工作，必须用好课堂教学这个主渠道，让各类课程与思政理论同向同行，形成协同效应，共同满足学生成长发展需求和期待。”2020 年，教育部印发《高等学校课程思政建设指导纲要》，进一步提出：“落实立德树人根本任务，必须将价值塑造、知识传授和能力培养三者融为一体。”明确了高校课程思政建设的总目标。

翻转课堂最早起源于美国，它基于传统教学模式将知识传授与知识理解两个阶段主体进行翻转，实现了教学理念由“以教师为中心”向“学生为中心”的转换。目前，随着信息技术的快速发展，作为深度融合信息技术的教学模式之一，翻转课堂通过课前让学生根据教师发布的学习任务和学习资源自主完成知识的学习，过程中产生问题和疑惑，到课中时，在课堂上与教师互动讨论探究，促进学生对所学知识的内化吸收与技能素养提升，有效优化课堂教学效果，同时关注课后的思考和反馈。

应用多元统计分析是一门方法类课程，是南京审计大学统计学、经济统计学、金融数学等专业本科生和应用统计专业研究生的必修课程，是处理多指标总体统计问题的理论与方法，其内容丰富、应用范围广泛。在统计软件支持下，能对存在于社会经济和现代科技领域中的庞大数据集合进行合理而有效的分析和研究，从中提取有用信息而为实践服务，是现代统计学中重要而活跃的分支学科。本课程主要内容包括多元数据图表示、多元正态分布及

---

① 朱春华（1976— ），女，安徽庐江，博士，副教授，主要从事近代回归分析、临床试验设计等方面研究。

其抽样分布、多元正态总体的均值向量和协方差阵的假设检验、多元方差分析、聚类分析、判别分析、因子分析、主成分分析、典型相关分析和对应分析等。通过本课程的学习，系统地掌握多元统计分析方法的思想、原理及应用，并能够较熟练地运用这些方法解决实际问题。本课程具有较强的理论性和实用性，理论方面涉及矩阵代数知识、分析知识等，公式推导复杂深奥、内容繁多，给教师教学和学生学习都带来了挑战。

在高校统计专业人才培养中，除了教授本专业的专业知识和技能外，还要培养学生建设美好家园的社会责任感和实现中华民族伟大复兴的家国情怀等。应用多元统计分析的课程思政以实现多元统计方法与思政内容的有机结合为主要建设目标，通过知识点讲授、案例分析、实验教学等方式，引导学生将多元统计分析方法和中国高质量经济增长等实际问题紧密结合，增强对习近平新时代中国特色社会主义经济思想的理论认同，最终达到应用多元统计分析课程“知识传授”与“价值引领”作用的有机统一。

二、统计学专业课程思政教学研究现状

近年来，高校课程思政建设工作不断深入推进。专业课课程思政是专业思政的基础，是专业思政的应有之义。目前，针对应用多元统计分析课程思政教学方法的研究与实施已经展开了许多探索和尝试。例如，林珊屹分别从思政教育与理论教学和实践教学两个方面提出高校统计学专业，把理论专业技能和学生道德素质有机结合起来的有效探索。李春娥等充分挖掘多元统计分析专业知识体系所蕴含的德育内容，探讨了案例式教学在课程思政中的实践。周跃进采用实证分析法对“多元统计分析”课程中“翻转课堂+课程思政教学”模式的教学效果进行了探讨。但目前针对应用多元统计分析课程与其他平台及资源互动的实际有效的教学案例尚不完善。

此外，南京审计大学统计学和经济统计学专业本科生在大三上学期开设多元统计分析课程，学生在经过专业基础课如数学分析、高等代数、概率论、数理统计、统计学等课程学习后，已基本掌握了统计方法类课程中运用到的矩阵知识、分析知识和概率统计知识。这些知识对于多元正态分布及抽样分布、多元正态分布的均值向量检验和协方差阵检验等内容的学习能够打下较好的理论基础。同时，他们也学习过数据收集和编程语言类课程，这为后期多元统计方法的软件实现打下了良好的基础。但由于本课程涉及的矩阵分析知识较复杂，加上他们刚开始接触这种统计方法类课程，所以在学习过程中

有理论学习的困难和动手操作实现的畏怯。

针对上述教学中存在的问题，本文有效利用多元统计分析课程相关的各类平台及资源，结合翻转课堂设计课前、课中和课后协同教学策略。同时，深度挖掘了应用多元统计分析课程中专业知识与思政元素的结合点，对协同教学中的不同内容设计相应的思政元素融入方法，完善应用多元统计分析课程思政协同教学方案设计。实现在有限的课程教学学时内，做到基础过关、应用加强、自主实践的良好效果，提高学生自主学习、自主解决问题的能力，最终同向实现知识与能力目标和情感与价值目标。

三、基于“思政+翻转课堂”的应用多元统计分析课程教学设计

（一）课程目标设计

教学目标，是教学活动的重要前提和贯穿始终的灵魂。通过分析统计学专业人才培养目标和毕业要求，按照课前、课中、课后翻转课堂的教学模式，将思政教育与专业课程教学紧密结合，以案例数据分析和实验项目为出发点，将知识点和思政元素有机融和，让学生在实验项目过程中发现问题、分析问题、解决问题，让学生在潜移默化中接受爱国主义教育，树立正确的价值观和人生观。应用多元统计分析的课程思政目标确定为：①培养学生的爱国主义情怀，树立学生课程自信、专业自信和民族自信；②培养学生遵守行业规范的职业素养，以及对待学习和工作的实事求是、严谨细致的工作作风；③培养学生践行爱国、敬业、诚信、友善的社会主义核心价值观。

（二）教学框架设计

以学生为中心的翻转课堂是加快教学模式改革、培养学生应用创新能力的有效途径。目前，中国慕课平台上主要有上海财经大学、厦门大学和暨南大学的多元统计分析课程在线开放课程资源，另外，其他平台和网站也有大量的视频资源，这些都为翻转课堂提供了很好的在线学习资源。另外，大量的在线学习平台如学习通、SPOC、雨课堂等为翻转课堂提供了技术支持。融入课程思政的教学设计框架，主要从知识、能力和素质三个维度出发，分别包括定义目标、实现目标、评价学习效果和教学反思四个方面，具体如表1所示。

表 1　　课程思政的教学设计框架

<table>
<tr><th></th><th>学习目标</th><th>实现目标</th><th>评价学习效果</th><th>教学反思</th></tr>
<tr><td>知识目标</td><td>记忆并陈述多元数据可视化的方法；多元正态分布的概念、性质、参数的估计、假设检验等问题。描述常用多元统计方法：多元方差分析、聚类分析、判别分析、主成分分析、因子分析、典型相关分析等的基本思想、基本原理以及应用场景</td><td rowspan="2">1. 课程视频线上学习；
2. 学习资料的阅读；
3. 课前预习、课后复习；
4. 案例数据分析与实验项目；
5. 课前、课中、课后讨论及答疑环节</td><td>作业完成效果；视频学习记录；考试成绩情况；不同知识模块；答题正确率</td><td rowspan="2">基于各个平台的学习数据，以及课后书面作业、实验作业等的反馈，为学生学习以及教师教学提供分析报告</td></tr>
<tr><td>能力目标</td><td>1. 统计分析能力：综合运用这些多元数据处理方法对大量数据进行分析，提取有用信息和形成结论并对数据加以详细研究和概括总结的素质和能力；
2. 自主学习与提升能力：学会通过查阅专业书籍、期刊、学习网站等渠道进一步深入学习多元统计方法，了解发展现状与研究前沿，养成终身学习的习惯，形成清晰明了的职业发展观，具备不断适应发展的能力</td><td>平台学习记录数据；线上提问及讨论情况；案例分析与项目实践结果</td></tr>
<tr><td>素质目标</td><td>综合素质：主动探索、勇于发现的科学精神，创新意识和创新精神；实事求是、严谨科学的学习习惯；认真细致的工作作风，客观辩证的思维方式，践行社会主义核心价值观</td><td></td><td></td><td></td></tr>
</table>

（三）课程内容设计

基于 OBE 教学理念，从学生学习效果出发并结合翻转课堂教学特点，同时积极响应课程思政的“事、时、势”要求，在教学设计中，构建“专业知识 + 时势背景 + 行业实例 + 案例分析”组成的多个维度的立体知识结构，同时注重内容的广度和深度，将全员、全方位、全过程育人落实到应用多元统计分析课程的教学过程中。

结合应用多元统计分析课程知识点和学习目标，对每个章节的思政内容和教学组织形式进行梳理，体现了教学内容的高阶性与创新性，具体设计如表2所示。

表2　　思政内容设计和教学组织形式

序号	教学单元	思政内容设计	教学组织形式
1	导课	(1) 通过观看纪录片《大数据时代》，了解我国在人工智能、大数据、云计算等领域取得的成就，树立学生的民族自信和专业自信。 (2) 通过国内多元统计分析方法教材发展，介绍均匀设计之父方开泰老师的事迹，培养学生的家国情怀。 (3) 通过介绍多元数据处理方法在自然科学领域和社会科学领域的广泛应用来树立学生的课程自信	课前： 视频资源、阅读材料
2	多元数据图展示	(1) 通过中国GDP发展动态图，展示中国改革开放40多年来的高速发展，从而增强国家自信、民族自信。 (2) 通过新冠疫情数据图展示我国在疫情防控中的担当和始终坚持以人民至上、生命至上的中国理念，增强学生的民族自信心和自豪感	课前： 视频资源、阅读材料 课中： 翻转课堂 课后： 拓展阅读
3	多元正态分布	(1) 通过介绍我国现代概率论和数理统计学之父许宝騄先生等杰出统计学家的光辉事迹，提升学生专业知识学习兴趣，增强专业自信，强化学生的学习热情和民族自豪感。 (2) 通过介绍美国统计学家霍特林的生活求学经历，激励学生正确看待生活学习中的困难和逆境	课前： 视频资源、阅读材料 课中： 翻转课堂 课后： 书面作业
4	多元方差分析	(1) 多元方差分析是研究某一因素在不同水平的影响，也就是研究各因素之间存在的普遍联系，这正和辩证唯物主义哲学中事物间"普遍联系"的观点不谋而合。从而引申出我们在实际工作中必须坚持用联系的观点对待一切事物，无视事物间的联系或人为割裂联系都是错误的。 (2) 通过观看关于"一带一路"纪录片了解"一带一路"建设对中国及沿线国家地区带来的巨大变化，增强民族自信。通过对部分"一带一路"国家发展数据进行分析，从多元方差分析应用场景以及该方法对数据的要求，如正态性、协方差矩阵相等，培养学生实事求是、严谨细致的工作作风	课前： 视频资源、阅读材料 课中： 翻转课堂 课后： 书面作业、实验作业

续表

序号	教学单元	思政内容设计	教学组织形式
5	聚类分析	（1）介绍中国古代朴素的分类思想：《荀子》中“推而共之”和“推而别之”的方法（归纳分类法和分析分类法）。“推而共之，共则有共，至于无共然后止。”“推而别之，别则有别，至于无别然后止。”激发学生热爱中国优秀传统文化，培养学生的爱国主义情怀和民族精神，增强文化自信。 （2）通过聚类算法发展史的介绍，培养学生勇于探索、自主创新的精神	课前： 视频资源、阅读材料 课中： 翻转课堂 课后： 书面作业、实验作业、拓展阅读
6	判别分析	（1）通过距离和相似性定义，联系哲学中的相似性思维。山西省社会科学思维科学研究所张光鉴先生认为：“世界的万事万物都存在相似的普遍性。”我国杂交水稻之父袁隆平先生，正是利用相似思维，在水稻杂交原理的基础上不断进行试验和研究，最终实现了水稻的优质和高产。培养学生在学习中利用相似思维，不断积累、不断完善，从而达到个人的人生高度。 （2）通过案例分析：发达国家和发展中国家发展水平数据分析，培养学生科学收集整理数据的能力和严谨细致的工作作风	课前： 视频资源、阅读材料 课中： 翻转课堂 课后： 书面作业、实验作业
7	实验项目	（1）要求学生独立完成数据收集整理、数据分析和撰写实验报告，杜绝学生拷贝，做诚实守信的人。 （2）通过对学生数据质量和代码量提出较高要求，培养学生的耐心和毅力	课后： 书面作业、实验作业、拓展阅读

四、结论

课程思政是一项长期性、系统性的工程，需要多措并举、协同推进，深入挖掘课程思政与专业课程教学的结合点，通过课前—课中—课后多元协同教学，实现人才培养质量的提高。

应用多元统计分析课程教学结合学习通、雨课堂、慕课等平台进行翻转课堂教学设计，以案例分析、项目实验等教学环节与国家高质量发展、多元统计分析发展史等内容联合，实施思政教育与课程教学的多元化协同，将知识传授、能力培养、价值引领等融入整个教学环节，完善全方位立德育人机制，最终促进思政教育与专业知识教育的有机统一。

参考文献

［1］骆伟，周绍斌．思政引领下面向对象程序设计课程混合式教学改革与实践［J］．计算机教育，2022（1）：70－73.

［2］吕艳丽，陈兵建．高等数学翻转课堂教学效果评价定量分析——基于多元有序 Logit 模型［J］．甘肃高师学报，2022（5）：56－59.

［3］周跃进．“多元统计分析”课程“翻转课堂＋课程思政”教学模式探索［J］．安徽理工大学学报（社会科学版），2021，23（5）：96－101.

［4］李春娥，崔广庆．案例式教学在多元统计分析“课程思政”中的实践［J］．产业与科技论坛，2020，19（8）：129－130.

［5］林珊屹．高校统计学专业课程思政的教学改革探索［J］．艺术科技，2019，32（13）：219.

［6］郑玉巧．面向课程思政的高级应用统计分析课程教学设计探析［J］．甘肃教育研究，2022，12（4）：101－103.

［7］方娟，蔡旻，高明霞，等．“计算机系统结构”课程思政教学设计研究［J］．教育教学论坛，2021（39）：4.

［8］熊师洵，张登银，陈梦婷，等．基于计算机网络的课上—课下多元协同课程思政教学探索［J］．软件导刊，2023，https：//kns. cnki. net/kcms/detail//42. 1671. TP. 20230118. 1316. 029. html.

思政在“统计学”课程中的教学改革探究

邓海松[①]

2016年12月全国高校思想政治工作会议中，习近平总书记强调要把“思想政治工作贯穿于教育教学全过程”；随后，又在党中央的其他文件中也相继提出“推动各类课程与思政课程建设形成协同效应”以及“全面推进高校课程思政建设，发挥好每门课程的育人作用”。“统计学”是经管类院校的一门专业必修课，对于经管专业的学生来说是至关重要的。在大数据时代，尽管一些新技术的出现，统计学依然是不可替代的基础，这部分知识对于经管专业的大学生来说是不可或缺的。在“统计学”的教学中，可以在教学内容、教学方法以及教学评价等环节加入思政的教学，以此将思想政治工作贯穿于南京审计大学的专业教学的过程中。

一、贯彻“统计学”课程思政的理念

协同育人是课程思政的理念。从课程思政的提出来看，其目的就是实现各类课程与思想政治理论课的同向同行，实现协同育人。不论是“三全”育人还是“十全”育人，其体现的正是协同育人的理念。我们党的教育方针和我国各级各类学校的共同使命是为中国特色社会主义事业培养合格建设者和接班人，为实现中华民族振兴以及中国梦培育人才和凝聚人才。然而，学生价值观会受到课程的影响，思政元素的融入可以在传授知识的同时又进行了育人的环节，这是一件十分有意义的事情 。统计学教师不应只进行传授统计学的有关知识，而应将知识融入学生成长作为其教书育人的高阶目标。统计学以数据为依据，运用合理的统计分析方法和原理客观、全面、辩证地分析问题。合理地运用统计学知识，不仅能够做到有效地解决问题，也能够促进对社会经济问题量化的理解，在实践中体会从理论到实践再从实践到理论的道理。学习科学文化知识固然重要，可是拥有正确的价值观更加重要。统计

① 邓海松（1980— ），女，江苏徐州，博士，主要从事计算机试验以及贝叶斯统计的研究。

学课程思政帮助学生树立正确的价值观、培养科学的思维方式，将全面且正确的育人体现于学生的大学阶段。

二、挖掘“统计学”课程思政的内容

拟打算结合社会热点和学科前沿认真梳理课程知识，有机结合对应教学目标深度挖掘课程思政资源。“统计学”的学习可以划分为统计调查、统计整理和统计分析等几大部分，下面以具体的知识环节对应课程思政教学内容体系，分别从“统计学”的几个章节探讨如何将思政融入教学环节中。

导论部分：在讲解统计学发展历史时，增加了我国统计学发展史，如政治算术学派、国势学派、数理统计学派以及贝叶斯统计学派。学习统计社会实践活动的概念时，举例说明古代疆域的丈量、兵力粮草的调查、赋税劳役情况等，可以让学生了解实事求是的精神，也可以举例讲解我国统计学者热爱工作、热爱祖国的事迹。例如，可以给同学们介绍我国著名的概率论与数理统计的奠基者许宝騄教授的生平事迹。许宝騄（1910—1970），出生于北京，数学家中央研究院第一届院士，中国科学院学部委员，北京大学数学系教授。许宝騄毕生从事数学研究和教学工作。在我国是最早从事数理统计和概率论研究工作的，并达到了世界先进水平。对数理统计和概率论，特别是对多元分析、极限分布论、试验设计等方面作出了杰出的贡献，发展了矩阵变换的技巧，推进了矩阵论在数理统计学发展史中的应用，取得了高斯—马尔科夫模型中方差的最优估计的重要研究成果，在概率论方面取得了突出成绩，并与其他科学家合作首次引入全收敛概念是对强大数定律的重要加强，这对推动数理统计在我国的发展起了重要作用。可以启发同学们，许教授是我们民族的骄傲，他献身科学的精神是大家学习的好榜样。另外，还会给同学们介绍大数据和云计算，这是目前非常盛行且具有很高应用价值的概念和技术，以此让同学们与目前的学术前沿保持同频。与此同时，也可以让同学们熟悉我国人工智能大数据取得的巨大成绩，增强爱国情怀。

统计调查部分：在讲解统计调查的方式方法时，可以介绍我国第七次全国人口普查，包括普查的时间、范围、对象、内容等。在这部分讲解的过程中将融入统计职业道德规范以及《统计法》的相关知识，知道统计底线，做到实事求是、不出假数；学习毛泽东同志“没有调查，就没有发言权”等经典论述，宣讲老一辈革命家实事求是的精神。在课后实践中，学生在教师指导下分组对生活中学生关心的话题开展实际调查活动，例如，到本地一些高校发问卷调查，学习收集调查数据的整个过程，让学生深切体会到细致严谨的工作作风和科学精神的重要性，这将是一次理论应用于实践的有意义的活动。

统计整理部分：统计整理的知识内容主要包括如何对收集到的数据进行筛选、分类和汇总，或进行再加工，并选择合适的统计图或统计表，然后对统计图或统计表进行合理的解释说明。可以用第七次全国人口普查为例培养理性思维，让学生成为一个热爱数据、尊重科学的人。还可以以此为例，基于数据收集来源的角度，阐述数据的收集在第七次人口普查中的应用，增强学生的民族自信和强国有我的家国情怀。还可以拿某企业收集到所需的数据为例，针对要研究的不同问题，揭示在哪里收集数据，以及如何收集到有意义的数据。以此为例，引导学生在今后的生活中勇于探索，敢于创新。另外，针对正确对待数据误差的问题，可以这样启发学生的辩证思维：由于统计数据的好坏直接影响后续的统计分析结论的精度和真实性，因此，企业在收集统计数据的同时，必须提高数据的质量。而且，现实中不论采用哪种调查或实验，误差总是存在于所收集的数据中。因此，可以告诫学生需要正确对待数据的误差，正确处理精度与效率的辩证关系。在学习变异系数的概念时，可以强调指出，在遇到数据水平差异较大时或在量纲不同的多组数据进行比较离散程度时，使用方差或标准差是不适合的，应该使用变异系数。此时，可以引导学生进行思考，生活中的万事万物不可以用同一个标准去衡量，而是要考虑到事物本身带来的差异，具体的情况要具体分析，不能循规蹈矩。

统计分析部分：该部分主要讲授指数分析、参数估计与假设检验、相关与回归分析、时间序列分析等方法。在一元线性回归中，以“摸着石头过河”形象地讲解了最小二乘估计思想。“摸着石头过河”，是一句反映以邓小平为核心的党的第二代领导集体在没有先例可循的情况下，奋力开创改革开放新征程的光辉名言。可以告知同学们，收集到的数据好比“石头”，适合的模型好比“过河”的路径。可以在指数分析的引入部分介绍各种常见的指数，如CPI 指数、上证指数、赋税指数以及幸福指数，在讲到幸福指数时，将此次疫情结合起来讲解，以此告诉同学们要珍惜眼前的生活。在指数分析中，结合居民消费价格指数、生产物价指数、消费物价指数、工业生产者出厂价格指数等，通过分析及横向对比，充分认识中国特色社会主义的优越性，培养爱国情怀。在时间序列分析中，可以引入我国近十年来的主要经济指标数据，例如2009—2022 年我国国内生产总值及增长速度、三次产业增加值占国内生产总值的比重等。可以从数据分析的结果看出，我们国家的经济总量是一直处于高速增长的，产业内部结构也朝着持续优化的方向迈进。自疫情以来，可以发现全球经济非常萧条，对比一下欧美的主要资本主义国家的经济指标，我国依然保持良好的经济发展态势。在课上还插入新中国的发展变迁的片段，激励同学们感悟不忘初心、牢记使命的精神。在讲述参数估计和假设检验的部分时，可以告诉同学们虽然参数估计和假设检验都是属于推断统计，但是，当使用样本信息去推断总体信息时，这是有可能会犯错误的，只不过犯错的概率比较小。此时，引导同学们用发展的眼光看待事物的发展，学会使用批判思维。

三、改进“统计学”课程思政的方法

为达到课程思政的教学目标，更好地呈现教学内容，这离不开不断地丰富创新教学方法，因材施教，在“统计学”课程思政的教学实践中，形成理论与实践有机地融合，保证课程思政的教学效果。其中，围绕着大纲的要求，还是以理论教学为主，主要采用讲授法、讨论法、案例分析法等引导学生发现、分析和认识问题，尽可能做到学以致用。首先，对课程章节中的知识体系进行系统的梳理，强调大纲的重点，以知识点构建教学内容。其次，在讲授中，通过紧扣知识点的图片、动画、视频等素材让学生有直观的视觉感受，更好地理解知识点，激发学生学习的兴趣和积极性。在案例分析中，所选案例可以侧重于社会和工作实践问题，做到知行合一。虽然课时量不是很多，但是互动的环节还是必不可少，将互动教学贯穿于教学过程中，通过课堂提问、课上讨论、线上互动、课后分组大作业等形式让学生充分融入教学。课外可以增加实践活动，让学生尽可能地去了解生活，可采用大学生与统计学相关的创新比赛、网络教学法、参观教学法和实地调研法等，以实践导向引导学生感悟、参与统计工作的全过程，用所学知识解决调查实际的课题。网络教学中除相关的教学资源外，另外精心选择统计发展、统计应用及统计前沿的相关文献及视频资料让学生学习。同时，链接“学习强国”、国家统计局等平台中的相关统计资源，可以引导学生获取统计数据、查找二手资料等，以丰富课程教学内容。

另外，充分利用南京这个六朝古都的各类资源，组织学生在课余时间进行参观学习，并自行选题从统计视角撰写参观学习心得，在历史与文化中领略统计学的魅力、增强时代使命感与社会责任感。在此基础上，课程大作业以真实的实际调研课题为题目，通过设计、调查、整理及分析，并提交最终调查报告这一全流程的实践，提高学生主动探究、团队协同和实践创新能力。

参考文献

[1] 习近平．思政课是落实立德树人根本任务的关键课程［J］．实践（党的教育版），2020（9）：4－11.

[2] 习近平．把思想政治工作贯穿教育教学全过程［EB/OL］．［2021－06－18］．http：//www.xinhuanet.com/politics/201612/08/c_ 1120082577．htm.

[3] 梁建业．试析高校思政课如何讲好中国故事［J］．学校党建与思想教育，2020（18）：52－54.

[4] 张征华，刘婷，陈静，等．高校教师课程思政教学行为影响因素研究［J］．教育观察，2022（23）：41－45.

[5] 王丽霞．高校传统文化通识课课程思政教学路径探索［J］．齐鲁师范学院学报，2021（6）：35－41.

[6] 王天营，陆敏．统计学［M］．北京：高等教育出版社，2022.

[7] 王一惠．大数据背景下统计学教材建设的思考［J］．河南财政税务高等专科学校学报，2021（1）：84－87.

[8] 程燕．应用型本科应用统计学课程思政的隐性教育实践探索［J］．高教学刊，2021（29）：172－175.

新时代国民经济核算课程思政建设研究

郭　靖　陆　敏①

2016 年 12 月习近平总书记在全国高校思想政治工作会议上提出："要把立德树人融入思想道德教育、文化知识教育、社会实践教育各环节，贯穿基础教育、职业教育、高等教育各领域。"2019 年 3 月，在学校思政课教师座谈会上，总书记进一步强调"我们办中国特色社会主义教育，就是要理直气壮开好思政课，用新时代中国特色社会主义思想铸魂育人，引导学生增强中国特色社会主义道路自信、理论自信、制度自信、文化自信"。为了落实总书记的讲话精神，2020 年 5 月教育部制定了《高等学校课程思政建设指导纲要》(以下简称《纲要》)。《纲要》提出："全面推进课程思政建设，就是要寓价值观引导于知识传授和能力培养之中，帮助学生塑造正确的世界观、人生观、价值观。"上述的会议精神和教育部的《纲要》都需要课程思政来贯彻实施。因此，在专业课的教学过程中，教师要理解、吃透上述会议精神和文件内容，在课堂上不仅要传授专业知识、培养学生解决问题的能力，更要把课程思政作为本课程相关教学改革的思想指南，把课程思政作为一种新的课程观和教育观。

一、课程思政的内涵

课程思政是一种教育理念，它的本质是"把思想政治工作贯穿教育教学全过程"，从而实现对学生全方位、全过程思想政治和德育教育。不同的研究者对课程思政有不同的理解，这里我们采用王学俭和石岩（2020）对课程思政的定义，"课程思政，即将思想政治教育元素，包括思想政治教育的理论知识、价值理念以及精神追求等融入各门课程中去，潜移默化地对学生的思想意识、行为举止产生影响"。根据此定义，我们可以从以下几个方面来理解课

---

① 郭靖（1985—　），男，湖北襄阳，博士，讲师，主要从事微观计量经济学研究；陆敏（1978—　），男，江苏泰州，博士，教授，主要从事经济统计、资源环境统计的研究。

程思政的内涵。

（1）我们要把思想政治教育的理论知识和社会主义核心价值观在传授知识的同时以润物细无声的形式传递给学生，这是树立学生正确的世界观、人生观、价值观和中华民族复兴的必然要求。

（2）在教学时，我们要善于从教材、学科的发展史、时事热点及日常生活中挖掘思政元素并以一种潜移默化的方式增强学生对国家的“政治认同、思想认同、理论认同、情感认同”。

（3）思想政治理论课教师是学校开展思政教育的中坚力量，但是要把思政教育贯穿于教育的全过程，其他课程教师也要上好思政课。教师不能只传授学生专业知识和专业能力，而要把专业课程和思政教育相结合，因为只有这样才能搞好学生的思想政治教育和德育教育，才能培养出社会主义事业建设的合格接班人。

二、国民经济核算课程的特点

国民经济核算是经济统计专业的专业主干课，本课程由基本核算和扩展核算组成。基本核算包括国内生产总值核算、投入产出核算、资金流量核算、资产负债核算和国际收支核算；扩展核算涉及资源环境核算、人口和劳动力核算、卫生核算、旅游核算和新兴经济核算。另外，本课程的专业名词多且晦涩，涉及的理论比较抽象，这就导致对上述核算原理的理解有些困难。

实施国民经济核算的目的是监测、反映国民经济的有效运行状况并为宏观经济管理提供基础和依据。宏观经济管理的核心目标：充分就业、物价稳定、经济增长和国际收支平衡都离不开国民经济核算。开设本课程的目的在于培养学生掌握有关国民经济核算的基本理论方法并系统掌握中国国民经济核算的具体处理方法，能够通过国民经济核算结果对我国经济的运行过程和国民经济核算数据有比较清晰的了解，从而了解我国国民经济的现实情况，为进一步进行定量分析打下坚实的基础。期望通过对本课程的学习，学生能够结合计量经济工具对国民经济核算数据进行经济分析。

三、课程思政是实现高质量国民经济核算的必然要求

国民经济核算数据是各级政府和各个市场微观主体作出经济决策的重要依据。为了实现国家高质量的发展，政府及各个市场微观主体所作出的决策必须尽可能地符合社会主义市场经济运行规律，这就需要国民经济核算提供

的数据必须真实、可靠。因此，大学培养的将来从事经济社会统计工作的人才必须要胸怀天下，以对党和人民负责的职业精神和职业操守来履行自己职责，坚决防止外来因素对统计工作的干扰。在课堂教学中，解读统计数据造假对经济社会发展质量的危害，使学生在以后的工作中自觉做到“以求真务实为天职、视数据质量为生命”，树立“真实可信、科学严谨、创新进取、服务人民”的统计核心价值观。

四、国民经济核算课程思政建设目标

（一）知识目标

掌握生产法、收入法和支出法 GDP 的核算思路和方法；掌握投入产出表编制的基本思想并理解其与国内生产总值核算的关系；掌握收入分配的核算过程；掌握非金融投资与非金融资产、金融资产与金融交易之间的关系；掌握资产负债核算的基本思路；掌握国际收支及国际投资头寸的核算思想。在对以上基本核算的概念、思想和核算方法的掌握基础上，了解旅游核算、人口和劳动力核算、资源环境核算、卫生核算和新兴经济核算。

（二）能力目标

在掌握国民经济核算体系的基本概念、基本原理和基本方法的基础上，理解国民经济核算的功能、基本框架以及核算体系的内容组成；能够结合实际进一步掌握我国国民经济核算的具体制度、规则和处理方法；能够对我国国民经济核算实践活动和在实践中经常遇到的问题及其解决方法有基本的了解。在此基础上，使学生能够结合中国国民经济核算的数据定性和定量分析经济中的各种问题，培养他们分析和解决实际问题的能力，为将来从事经济宏观管理或经济社会统计工作打下基础。

（三）思政目标

改革开放以来，中国经济取得了巨大的发展，2021 年我国国内生产总值占全球的比重达到18%，成为世界第一大经济体指日可待，创造了所谓的中国奇迹。利用国民经济核算原理对“中国奇迹”进行详细的解读，可以使学生对国家产生强烈的政治认同和国家情怀，能更充分地认识到我国的制度优势，增强学生对我国社会主义制度的道路自信、理论自信、制度自信和文化自信。另外，我国国民经济核算和发达国家相比还有一定的差距，比如受制于资料来源，我国尚没有编成一张完整的国民资产负债表。通过对这些差距的介绍，激发学生的爱国热情，使学生更加刻苦地学习，以便将来在投身国民经济核算事业时作出更大的贡献。

国家统计局局长康义指出："统计数据质量是统计工作的生命线。"党中央、国务院宏观经济管理和社会目标的实现离不开准确的国民经济核算数据。但是地方政府却关注的是本地经济和社会目标的实现，因为这可能关系到地方领导人的升迁。为了防止统计领域的弄虚作假，党的十八大以来，中央全面深化改革领导小组先后印发了《关于深化统计管理体制改革提高统计数据真实性的意见》和《统计违纪违法责任人处分处理建议办法》两个重要文件，在此基础上，国家统计局又制定了《防范和惩治统计造假、弄虚作假督察工作规定》，以期能够防止领导干部违法违纪干预统计数据和企业虚报瞒报统计数据。虽然近年来统计数据造假现象大为减少，但个别地方仍然存在统计造假的行为。如果国民经济核算数据存在造假行为，不仅影响我国国民经济核算部门和统计部门的声誉，长此以往，还会影响党和政府的声誉。因此，在国民经济核算课程教学中，要培养学生诚实守信、实事求是的品格。将"诚实守信、实事求是"作为国民经济核算这门课程的课程思政内涵的一部分，这不仅与党的十八大提出的"富强、民主、文明、和谐、自由、平等、公正、法治、爱国、敬业、诚信、友善"的社会主义核心价值观相符，而且是落实立德树人根本任务的有力保障。

五、国民经济核算课程思政的建设路径

（一）教材的选择

选用"普通高等教育'十一五'国家级规划教材"和"教育部普通高等教育精品教材"《国民经济核算原理与中国实践》作为教材。该教材的一个重要特点是每章在介绍完相关的核算之后，都有一个关于中国数据的案例来帮助学生将国民经济核算原理具体化。这样的设计不仅可以帮助学生掌握分析国民经济核算数据的方法，还能够让学生通过核算数据的分析结果了解中国经济的现实情况。这种理论结合实际的教材设计既有利于知识的传授，也有利于课程思政的实施。

（二）思政元素的挖掘

根据国民经济核算这门课程的特点，每一章思政元素主要从中国特色社会主义的伟大实践、学生将来所从事工作需要的职业素养和当前的社会热点与国际国内重大时事三个方面进行挖掘。这种思政元素的挖掘方法既可以使学生对思政元素感兴趣，又可以润物细无声地达到育人效果。下面举几个思

政元素挖掘的例子。

国内生产总值核算：让学生展示课前从中国统计年鉴查询到的历年来我国国民经济总量和速度指标，根据这些数据，让学生回答如下问题：这些数据哪些是国内生产总值？哪些是增加值？他们直接的关系如何？在党的领导下，我国经济发展取得了哪些成就？这些成就体现在哪些方面？总结：1952年我国的国内生产总值为679.1亿元，但2020年跃升至101.6万亿元，实际增长189倍，人均GDP也从1952年的119元提高到2020年的7.2万元。自2006年起，我国连续15年为世界经济的增长作出最大贡献。经济实力的快速提升不仅使中国人民受益，还使世界人民受益。

投入产出核算：投入产出表的中间投入部分没有现成的核算资料可以利用，完成此部分必须依靠工作量极大的基层调查。因此，完成此部分的编制，需要严格遵守国家统计政令和国家统计规则，认真执行统计部门规章和规范性文件。这时从业者的职业道德、职业精神、职业担当就会起到重要的作用。

资金流量核算：为了实现共同富裕，党中央多次出台文件规范我国的分配制度。我国早就建立了“以按劳分配为主体、多种分配方式并存”的分配制度，2021年8月中央财经委员会第十次会议进一步提出：“构建初次分配、再分配、三次分配协调配套的基础性制度安排。”课程思政教学过程中要让学生明白我国的这种分配制度是由我国的社会主义性质决定的，是我国社会主义市场经济体制的内在要求，体现了中国共产党执政为民的根本属性，体现了我国的制度优势。

国际收支核算：改革开放以来，我国对外贸易高速发展，已经逐步成为世界贸易大国。2019年，中国货物贸易出口17.23万亿元，增长5%；进口14.31万亿元，增长1.61%；贸易顺差2.92万亿元，扩大25.4%。截至2019年12月末，我国外汇储备规模为31079亿美元，对外直接投资1369.1亿美元。以上数据说明，在党的领导下，我国对外开放的广度和深度得到全面拓展，商品进出口规模不断扩大，货物贸易第一大国地位得到增强，利用外资规模不断扩大。另外，中国对外投资规模也不断扩大。

环境经济核算：地方政府既有环境保护的责任也有发展经济的动力。为了在“晋升锦标赛”中胜出，上述的责任和动力有可能使地方官员提供虚假的情况或对环境核算的专业人员施加造假的压力。这时核算人员必须要顶住这些压力，坚守自己的职业道德，在“诚实守信、实事求是”的原则下提供真实有效的核算数据。

（三）思政元素融入教学大纲

教学大纲是以纲要的形式规定课程的教学目的、要求、内容、重点和难点的文件。在编写教学大纲时，要改变以往重知识和能力、轻思政的做法，要把加强思想政治教育放在十分重要的位置。另外，思政内容和专业内容融合的时点、方式和方法都要确定。例如，将政治认同、道路自信和国家情怀融入国内生产总值核算章节；将制度自信和文化自信融入有关收入分配的章节；将职业精神、法制意识和道德修养融入环境经济核算章节；将认真负责的工作态度和严谨务实的工作作风融入有关投入产出核算的中间投入部分的章节等。要为思政内容的教学设置能够量化的目标，并在平时和期末进行考核，以确保课程思政教学内容保质保量完成。

（四）思政元素融入课堂

要使课程思政达到良好的效果离不开适合的教学手段和多样的教学方法。在教学实践中，案例分析法可以达到润物细无声的思政教学效果。例如，在学习国内生产总值核算时，可以让学生自行收集我国近40年的GDP总量、增速和国际占比数据。在收集数据的过程中，学生就能够耳濡目染地体会到我国坚持党的领导的重要性。探究式教学法同样可以在对学生传授知识的同时于无形中实现价值引领。例如，在讲授“国民经济核算的国际比较”这一章时，可以把学生分组，然后再让他们自己去阅读教材和查阅资料，然后对比中国和印度的GDP总量和增速。通过这种比较，增强学生的制度自信和道路自信。要提高课程思政的课堂教学效果，我们必须采用现代化的教学手段。例如，利用多媒体网络技术教学技术来展示视频、图片和各种动画等。这种教学手段既可以引起学生的兴趣、吸引学生的注意力，又能够向学生输送大量的思政元素。

六、总结

当前，世界面临“百年未有之大变局”，而我国又处于全面建设社会主义现代化国家开局起步的关键时期。在这个特殊的时期，国际国内形势复杂多变，为了实现中华民族的复兴，对大学生的思想政治和德育教育显得尤为重要。本文首先简述了课程思政的必要性和内涵，然后结合国民经济核算这门课程的特点，论述了课程思政是实现高质量国民经济核算的必然要求，接着分析了国民经济核算课程思政建设目标及建设路径。以上分析是对国民经济核算课程思政教学的一个简单总结，并为以后的课程思政教学提供了一个良好的起点。

参考文献

[1] 于战华，姜薇．“微积分”课程思政元素有效融合路径的研究与探索 [J]．教育教学论坛，2023，607（4）：120 - 123.

[2] 刘睿媛．课程思政研究综述 [J]．职业技术，2023，22（3）：16 - 22.

[3] 王学俭，石岩．新时代课程思政的内涵、特点、难点及应对策略 [J]．新疆师范大学学报（哲学社会科学版），2020，41（2）：50 - 58.

[4] 中国国民经济核算知识读本编写组．中国国民经济核算知识读本 [M]．北京：中国统计出版社，2020.

[5] 高敏雪，等．国民经济核算原理与中国实践 [M]．北京：中国人民大学出版社，2018.

[6] 林勇，杨言勇．统计数据质量改进的博弈论研究 [J]．统计时研究，2008，197（3）：106 - 108.

[7] 金观平．守牢统计数据质量生命线 [N]．经济日报，2022 - 06 - 06（001）.

[8] 周黎安．中国地方官员的晋升锦标赛模式研究 [J]．经济研究，2007，471（7）：36 - 50.

“应用时间序列分析”教学模式改革及思政教学初探

张　燕[①]

一、引言

“应用时间序列分析”是统计学及经济学专业极为重要的必修课程，它不仅有一套严密的理论体系，更有非常宽广的应用前景。该课程在经济学、社会学、金融学、环境等科学中均有非常广泛的应用。但在目前的传统教学模式中，往往“重理论、轻实践”，以教师全程讲解、满堂灌输的方式进行，既不利于学生对基础概念的理解，也不利于培养学生实践能力。另外，随着思政课程建设的推进，专业基础课程中如何更好、更深入地融入“课程思政”已经成为一个非常值得研究和探讨的问题。从本质上来说，课程思政教学是一种新的教育理念，是传道授业和育才育人的有机统一。在课程教授的过程中，应该巧妙地融入相应的思想政治元素，在传道解惑的过程中同时进行品德教育、爱国爱党教育，实现思想政治教育和专业知识教育的有机统一。因此，在授课过程中应该恰当地融入思政教育的元素，引导学生树立正确的价值观和世界观，为培养既具有扎实专业知识和实践技能，又具有职业道德和爱国情怀的新时代复合型人才进行有益的探索和研究。

二、关于课程教学模式改革与创新

“应用时间序列分析”作为统计学专业本科生和研究生的专业基础课之一，不但强调理论及概念的解析和推导，而且非常注重实践和应用。但目前传统课堂的教学，往往“重理论、轻实践”，以教师全程讲解、满堂灌输理论的方式进行，既不利于学生对基础概念的理解，也不利于培养学生实践能力。

① 张燕（1978— ）江苏溧阳，博士，副教授，主要从事高维统计推断、时间序列分析、计量模型方法等研究。

另外，教师在课堂中引用的案例往往较为简单，大部分为定义或概念的解析举例，真正结合实际案例分析的内容较少。因此，在教学模式的改革与创新方面，教师必须注重多种教学方式的交互使用，合理进行教学模块的设计，可以通过多种途径实现教师主导与学生主体的有机统一。

（一）案例式教学

“应用时间序列分析”课程的特点决定教师在授课中非常关注理论推导，而忽视了案例分析，缺乏对学生的综合应用能力的培养。一方面，如果一味讲解软件操作而不重视基础理论的指导，会导致学生数据分析实践出现偏差。因此，教师在授课过程中必须注重理论讲解与案例分析相结合的方式，促进学生对碎片化知识的理解与掌握。例如，在讲解条件异方差模型时，可以结合上证指数、股票期货等金融数据，对金融数据进行建模分析与预测，使该课程的应用性得到充分体现。另一方面，在案例分析的同时，教师应注重对学生软件分析技能的培训。例如，教师可以在实例分析中穿插讲解统计分析的常用软件 R 语言的使用，使数据分析成为统计学专业学生的必备技能之一。

（二）问题链教学

问题链教学方法强调以构建问题为基础，以学生已有知识为支撑，教师课前预设场景，课堂生成问题，引导学生以自主探索、合作研究等方式参与课堂活动。问题链教学法在保障课程内容连续的基础上，坚持形式与内容的统一，推进了教师的主导作用和学生的主体地位的有机融合。在课前，教师可以预先布置任务让学生自行学习相关内容；在课堂中，教师根据设置的问题重点讲解，必要时可以实施翻转课堂，让学生参与讲解；在课后，教师可以根据教授内容进行延展性提问，引导学生对自己所学的知识进行进一步理解和掌握。

（三）课题式教学

传统教学模式的特点是理论性、课堂性和描述性教学。可将其形象归纳为“四一教学模式”，即教师一块黑板、一支粉笔、一本教材、一张嘴巴就能将一门专业课程从头讲到尾。在这种模式下，教学理念是以教师为主体和中心，教师是主讲者，学生是被动的接受者，教材陈旧，教学内容完全由教师设计，教学效果主要取决于教师的组织能力与语言表达能力。课题式教学方式，是转变教学观念、提高教学效果与教学质量、培养学生对所学理论知识和方法综合应用能力的重要途径。针对时间序列分析课程的相关内容，设计相应的实验项目，培养学生解决问题和分析问题的能力。这些问题简明易懂，能够引起学生探索的兴趣，并且有深刻的背景和内涵，学生在探索过程中能够受到科学研究、发明创造的训练，有助于提高学生的实践能力和创新能力。因此，设计和教学内容相关的实验不仅能改变传统的理论式、填鸭式教学模式，还能够提高学生的分析能力和应用计算机的能力。

三、关于课程思政教学实施的思考与启发

"课程思政"建设既是新时期高校思想政治教育工作的新模式，也是培养新时期复合型创新人才的关键环节。2017 年 2 月，中共中央、国务院印发了《关于加强和改进新形势下高校思想政治工作的意见》，指出高校人才培养应该把立德树人作为根本任务，进一步强化了思想价值引领在教育教学过程中的重要作用。为此，高校教师必须将思政元素引入课堂教学和课程建设，充分发挥课堂教学的关键作用，培养有能力、有担当、有情怀的新时期专业人才。

（一）课程思政目标

思政课程建设的目标是发掘专业课程的德育内涵，将思想政治教育融入课程内容的讲授与课题环节的设计中，让学生在专业知识的学习中同时接受思想政治教育，实现专业知识传授与思想教育的有机统一。因此，本课程在课程目标制定时，除了需要考核学生对概念的理解、对软件应用的掌握，更要考核学生的专业素养与科学素质。更为重要的是，应该将严谨求真的职业精神融入现有大纲中，将社会主义核心价值观和唯物辩证法结合到时间序列分析的应用案例中。

（二）课程内容分析

在课程教学内容的设计环节，教师必须合理巧妙地将教学内容和思政教育结合在一起。将时间序列分析的理论问题与我国的经济方针政策结合在一起，在专业理论的传授中，潜移默化地影响学生，进行思想教育。例如，在 ARMA 模型及平稳性检验等相关知识点教学时，可以加入严谨的科学思维方式这个思政教育点；在讲解条件异方差模型类（ARCH 模型）时，可以结合 2008 年国际金融危机，讲解国家当时如何帮助香港平稳度过金融危机的，从而激发学生的爱国情怀和对社会主义制度的自信，引导学生树立强国志向和实践报国的理想。

（三）课程教学设计

在课程教学设计方面，可以采取模块化教学方法，设计不同场景。师生

可以不定期选择当前社会热点经济话题，引导学生主导收集数据，培养学生采集和处理数据的基本能力，鼓励学生针对问题利用现代互联网技术全方位、多渠道地进行数据收集与资料查询。另外，也可以设置各种开放性小课题，让学生组队解决，在学习专业知识的同时，培养学生的团队合作精神。在“应用时间序列分析”这样实践性较强的课程中，可以通过设计一定的综合性实验，让学生学会认真规范地撰写相应的科技报告，培养严谨求实的学风和科研素质，这将促进学生走上工作岗位形成负责认真的处事态度。

四、结语

专业课程的教学改革和思政教育是为了更好地教书育人，实施“传道授业解惑”的教学理念。在“应用时间序列分析”的授课过程中融入思政教育，与专业知识的学习和技能的培养相结合，将更有助于培养学生的职业素养和道德规范，有助于帮助学生树立正确的价值观、人生观和世界观；同时，也能使教学过程和教学内容不再枯燥乏味、教学效果更为良好。另外，教师在实施思政教学的过程中，也要积极关注学生反馈，不断总结反思教学效果，形成教学相长的良好机制。

参考文献

[1] 徐刚刚，张瑜，范梓淼. 基于 R 语言的时间序列分析课程案例式教学的研究与应用 [J]. 科技咨询，2022 (21)：45－47.

[2] 肖萍. “金融时间序列分析”实施课程思政教学的探索 [J]. 南方农机，2020，51 (01)：179－180.

[3] 梁红秀. 问题链专题式教学提升思政课教学效果的优势探析 [J]. 高教论坛，2023 (1)：37－40.

[4] 薛丽，王秋语，周昊飞，等. 时间序列分析课程教学改革探索 [J]. 西部素质教育，2022，8 (20)：5－8.

思政融合的数据采集技术教学创新实践“四法”探究

王江艳[①]

随着科学技术的迅速发展，数据采集与分析的相关思想、方法和技术在自然科学、工程技术等领域发挥着越来越重要的作用，已经深入各学科领域，逐渐成为科技发展的强大动力，这也对数据采集技术的教学提出了更高的要求。作为一门专业课程，数据采集技术的课程目标，不仅有知识和能力目标，更有情感目标，这是因为新技术、新商业模式的不断涌现，特别是近年来多次出现的数据伦理、隐私事件及国家信息安全案例，都要求在课程中加强思政教育。为全面落实立德树人根本任务，提高应用型人才培养质量，需在数据采集技术的课程教学中，从总体思路、教学目标、教学内容、教学方法及教学评价等方面积极加强课程思政的教学设计，用好课堂教学主渠道，发挥思政教育功效。

在课程思政大环境下，教师除了培养学生的实践技能，还要能够挖掘课程中的思政元素，潜移默化地培养学生的道德素养、职业操守和工匠精神。习近平总书记在全国高校思想政治工作会议上提出，要坚持把立德树人作为中心环节，把思想政治工作贯穿教育教学全过程，实现全程育人、全方位育人，努力开创我国高等教育事业发展新局面。中共中央、国务院印发的《关于加强和改进新形势下高校思想政治工作的意见》明确提出，要坚持全员全过程全方位育人（以下简称“三全育人”），提高教育主体思想认识、促进教育环节无缝对接、协调教育资源有效整合，是“三全育人”的迫切要求。然而，数据采集技术的教学目前面临几个痛点问题。

（1）文科生的数学知识和能力稍显不足；

（2）有部分学生对数据科学的学习存在天然的惧怕心理；

（3）知识点在日常生活中的实际应用与文化、思政等结合较少，无法在

① 王江艳（1987— ），河南林州，博士，副教授，主要研究领域为函数型数据分析、时间序列分析、空间统计、统计机器学习等。

学生群体中形成有效共鸣。

分析以上“痛点”问题后不难发现，解决问题的关键思路在于始终贯穿“以学生为中心”的教育理念。具体地，针对数据采集技术课程，本文的创新思路是融入课程思政的混合资源、知识强化和文化引领。为此，本文提出数据采集技术教学创新实践的“四法”。所谓“四法”，众所周知，中医讲究对症下药，并用“望、闻、问、切”去了解患者的病症。受此启发，本文将融合课程思政，从“望、闻、问、切”四方面来探究数据采集技术的教学创新实践。

第一部分，是望。也就是全面了解学生的学习情况、思想，需要日常观察和积累。进而了解学生学习数据采集课程的情况与感想，换位思考，从学生角度理解课程要点。数据采集技术主要教授学生使用 Python 语言对网络资源进行爬取、存储、分析。通过这门课程的学习，学生可以掌握一定的爬虫技巧及网络数据分析的能力，为今后课程的学习打下良好的基础。鉴于大数据的重要性和私密性，该行业的从业者应当具有较高的思想道德素养和法治意识，因此很有必要在此类课程中开展思政教学。目前，在高校课堂中，往往因授课方式单一，学生产生一定的抵触情绪，接受效果较差，并不能完全达到思政教育的目的。这就体现了课程思政的重要性，在数据采集技术这门专业课教学中，教师应该先对“课程思政”育人要求和价值进行深刻理解，积极主动建设“课程思政”，利用渗透式课程思政教学，从学生熟悉的事物着手，结合不同的专业知识内容，利用对话、隐喻和想象等更加多样的方法，创造不同的课堂形式，增强思政教育对学生的吸引力，使学生产生自主学习的兴趣。将专业知识点与思政元素融合互补，筑起专业知识引导价值培养。例如，在课程学习中可以融入科技发展工具、发扬工匠精神等思政元素，使学生在掌握数据采集处理与分析技能的同时，又可以理解数据采集技术的意义。

第二部分，是闻。这部分主要是学习先进教学经验，结合最新教学手段，不断进行教学经验积累。比如利用网络资源进行学习，诸如慕课、微课、教学竞赛等，不断学习和模仿、调整教学。在这个过程中，比较重要的是熟悉学科发展历史、在课堂中融入科学素养、发挥学科魅力，有效融入课程思政。比如人文精神、社会责任、创新、辩证思想等。

课程思政的有效融入，需要任课教师深入挖掘与专业知识有关的思政元素，凝练思政元素背后所蕴含的科学人文价值，从而能够使思政元素鲜明生动。数据采集技术课程思政可选取数据科学发展历史中的重要人物和事件，挖掘大国工匠精神、艰苦奋斗精神等素材。比如，关于计算极限的思政案例，可以从历史角度出发，穿插《九章算术注》：“割之弥细，所失弥少，割之又割，以至于不可割，则与圆合体，而无所失矣。”这个极具代表性的中国古代数理成就，使学生了解祖先的智慧，对学生进行爱国主义教育，增强学生的民族自豪感和文化自信，鼓励他们为实现中国梦而奋发图强。又如，还可以从数据科学为我国脱贫攻坚、经济发展、医疗卫生、军事国防等作出的巨大贡献出发，鼓励学生提高专业技能，坚定“四个自信”，为实现民族伟大复兴而奋斗。同时，也要在数据采集技术课程中融入社会诚信、社会精准管理、科学决策等方面的教育，重构大数据知识体系，鼓励学生努力将所学与实践结合起来，转化为经济效益与社会效益、利用大数据技术造福人民。在数据采集技术课程中，通过小组作业与分组讨论培养学生团结一致、努力探索科学高峰的精神。

第三部分，是问。这部分的核心是与时俱进。紧跟时代发展，了解学生需求，创新人才培养模式。

首先，以学生为中心，必须调动学生学习的兴趣。微积分的力量说：“因为有了微积分，人类得以发明电视、微波炉、移动电话、GPS、超声波检查；发现未知的星体，发明治疗 HIV 的特效疗法。”那么，在数据采集技术课堂教学中，可尝试通过一些日常生活的案例向学生展示数据科学的强大，借此向学生传达这样的思想：作为现代科技的重要组成与支撑，数据科学具有无限的科学魅力，进而提高学生的学习热情。

其次，以学生为中心，可关注学生喜爱的文化节目，时刻为教学和课程思政做准备。比如，近年来一些文化科技类节目《中国诗词大会》《国家宝藏》《我在故宫修文物》《大国重器》《大国崛起》等，正在青年观众中成为“爆款”。一方面，在优秀传统文化普及的热潮中，学生是主力受众群体，那么，在课程教学和课程思政中，就可以将其中的优秀文化和课程结合，增加学生讨论评价环节，增强学生对历史、文化、自身血脉的认知与认同，增强文化自信；另一方面，《大国重器》反映中国艰难发展的曲折道路，以及振兴与崛起于当代的辉煌历程。要让学生代入情境，理解科学技术的发展离不开数学与统计的重要基础，诸如中国式浪漫的“九章二号”“祖冲之二号”等大国重器，起名分别源于我国古代最早的数学专著《九章算术》和纪念我国古代伟大的数学家祖冲之，它们处理特定问题的速度比目前全球最快的超级计算机快千万倍级别以上（见图 1，节选自课程思政教学 PPT）。借此机会可向学生进行思政教育：“大国重器”向“强国重器”的迈进，还有很长的路要走，祖国的希望在青年一代，告诫学生努力学习本学科的知识，深铸强国之基，智领技术先机，放飞强国之梦，成就国之大器。

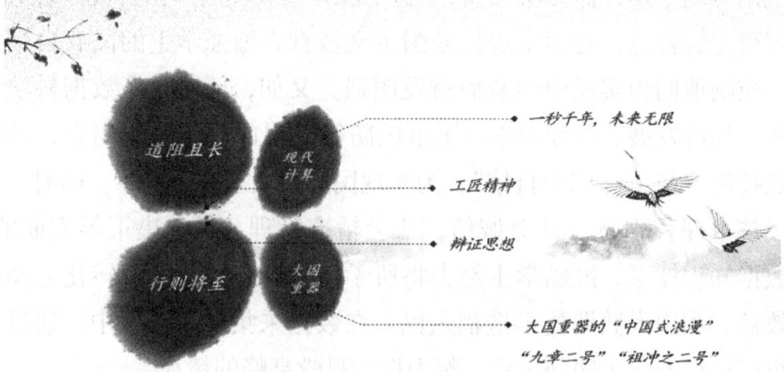

图 1　“数据采集技术”课程思政教学 PPT 节选

第四部分，是切。这部分主要是课程创新实践举措。

举措一，融入课程思政，弘扬优秀文化与数学文化观。

数据采集技术课程相关的专业知识、涉及的基础面广，思政教育的切入点也很多。在实施课程思政时，需要确定课程思政目标，并在课程大纲融入思政元素。积极的课程思政教育，能够有效地与学生共情，通过在课堂教学环节融入思政元素，在教授学生专业知识和实践技能的同时，塑造学生的价值观。基于此，课程思政的具体实施途径如图 2 所示。课程教学中，可以从教学内容中挖掘思政元素并将其作为切入点，设计相应的思政案例。

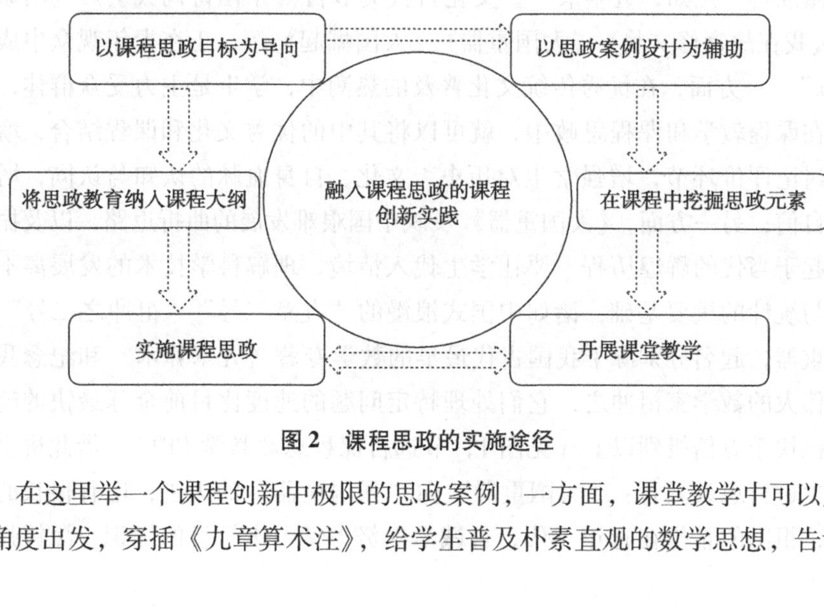

图 2　课程思政的实施途径

在这里举一个课程创新中极限的思政案例，一方面，课堂教学中可以从历史角度出发，穿插《九章算术注》，给学生普及朴素直观的数学思想，告诉学生，它为近代数学奠定了发展根基；另一方面，这个极具代表性的中国古代数学成就，使学生了解祖先的智慧，对学生进行爱国主义教育，增强学生的民族自豪感和文化自信，鼓励他们为实现中国梦而奋发图强。其他可挖掘的思政元素与教学设计的对应示例展示于表1中。

表1　“数据采集技术”课程思政元素与教学（部分示例）

教学内容	思政元素	教学方法
大数据概念与应用	创新创业精神，爱国敬业	分组讨论、翻转课堂
Python 软件与相关环境	工匠精神	线上线下结合、分组讨论
静态网页爬取	法制意识，团结合作精神	案例教学
正则表达式解析	责任意识	案例教学
Beautiful Soup 解析	创新求实	翻转课堂、案例教学
Xpath 解析	创新求实	翻转课堂、案例教学
动态网页爬取	守法诚信，责任意识	案例教学、翻转课堂
词云分析、数据可视化	工匠精神	案例教学、分组讨论
数据爬虫与数据分析	团结合作、创新创业精神	小组作业、小组汇报

举措二，细化教学目标，重视教学策略与教学设计。

数据分析、数据挖掘与数据可视化是综合性非常强的学科领域，要求学习者既要掌握线性代数、统计学、人工智能、机器学习等大量理论知识，又要熟悉编程语言及相关软件的使用，为更好地完成授课、精准完成教学创新实践的目标，本课程设计分为课前预习、课堂学习、课后复习三个部分。(1）课前预习。数据采集技术课程的学习，兴趣点很重要，因此对课程进行提前预习，带着兴趣理解问题再进行学习。此时，教材的筛选与把关十分重要，直接关系到学生对于课程的感兴趣程度以及学习的积极性。教材选取入门性与提高性要兼具，过于抽象与高深会使学生产生畏惧心理。(2）课堂教学。经过课前预习，学生对于课堂内容已有一定掌握，此时可以利用学生的主观能动性，进行“翻转课堂”教学和问题启发式教学，将课堂的主动权交给学生，教师则扮演一个引导的角色，并在此过程中对学生的表现进行评分；课堂中间授课环节中，教师可进行重要代码的演示，以及案例的讲解并录制，可以充分利用学校的云直播课堂、超星课堂录课；在课堂的后半场，对于讨论未果的问题进行重点的解答，同时进行上机操作，达到知行合一的教学目标。(3）课后巩固。课后巩固包括上机实训的练习和课后复习两个环节，此环节需要注意将学习资源分享给学生，使学生在课后上机训练的时候能有回放视频指导。图3是基于思政融合的数据采集技术教学创新实践教学设计示例。为了达到创新目标，图 4 展示的是实践中的教学设计章节、案例及代码文档示例，目的是让学生能够见微知著，迅速进入教学情境，同时提高学习和探究的兴趣（图 4 案例来源于“狗熊会”人才计划作品）。

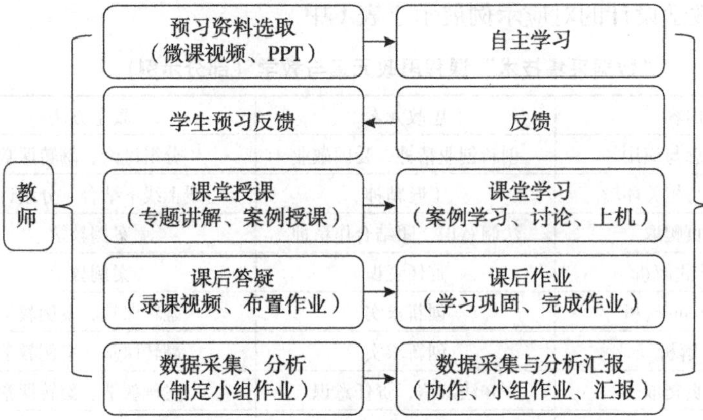

图 3　基于思政融合的数据采集技术教学创新实践教学设计

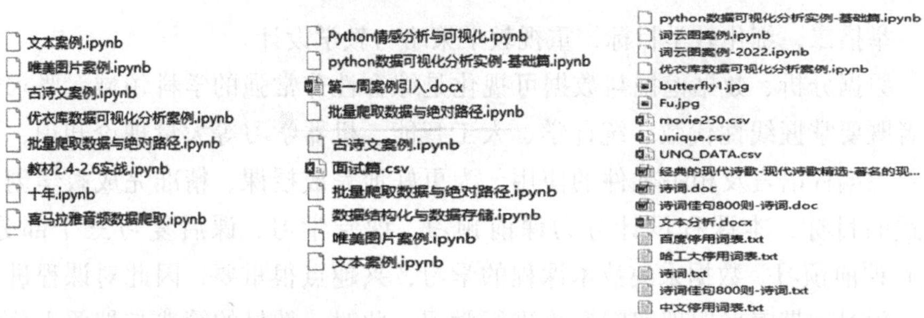

➡ 读小说也可以很“福尔摩斯”：
“白夜之光——白夜行小说文本分析”
https://mp.weixin.qq.com/s/DU_YPPAC1G8oPjyeXS8lQQ

➡ 类别分析：
“新版《流星花园》黑在何处”
https://mp.weixin.qq.com/s/ZxuurkPcTkMXi1P3nwVmCg

➡ 国漫之光：从数据分析看最强国漫长成路
https://mp.weixin.qq.com/s/9QDLlyPvYdGnXxj6bm8_1w

➡ 巳正，大荒落：古装悬疑剧《长安十二时辰》如何引爆口碑？
https://mp.weixin.qq.com/s/zUQahpvnBPc0_POdhsYeug

图 4　“数据采集技术”课程的教学设计章节、案例及代码文档示例

举措三，理论与实践相结合，注重反思评价与应用。

互联网数据具有典型的大数据特征，即数量巨大、数据类型多样化、数据来源丰富，并且随着“互联网 +”国家战略的推进，互联网大数据的应用价值变得多样化，因此，互联网大数据成为大数据技术教学和应用研究的重要数据源。在此背景下，互联网数据采集成为当代学生要掌握的必要技术。因此，数据采集技术课程以数据采集技术及可视化应用为主题，介绍 Python 操作、大数据采集技术案例及应用。本课程除了有相关技术原理的介绍，也包含了 Python 实现技术，使学生既能理解技术问题又能动手实践。其基本目标是能够应用 Python 采集数据、熟悉正则化表达式、掌握基本爬虫技术、大数据挖掘的基本操作。除了有效融入课程思政，其创新实践还要注重课程的反思评价与应用。本课程的教学创新中，通过新颖的教学切入点，可激发学生的学习兴趣；“问题教学法”不断设问，层层深入，使教学环节更为合理。通过“引导式”和“启发式”教学法，匹配难度适中的例题，通过现代化信息手段和软件辅助，学生能更好地掌握知识技术、探究数据采集与挖掘问题、完成数据分析任务，达到举一反三的教学目的。

在有限的教学时间内，本课程的教学创新将精选紧密贴合热点的案例视频（见图 5），课上巧妙设计问答和互动讨论与评价环节，真正做到“以学生为中心”。通过引入学生兴趣、增加思政案例、增加学生讨论与评价环节，客观记录学生的教学接受度，引入课程创新教学过程中，积极推动教学改革。此教学创新手段已被推广到微课竞赛和青教赛等教学竞赛实践中，均获得了优异的成绩和积极的反馈。后期将在案例精选、信息技术的深度融合及课程创新的应用推广方面进行更细致的探索。

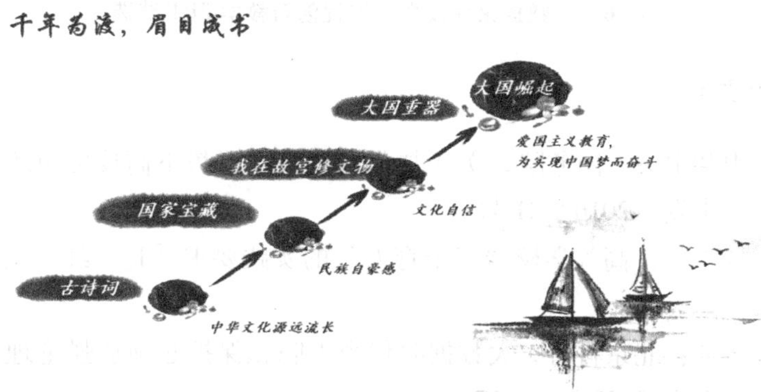

图 5　“数据采集技术”教学案例（教学切入点、课程思政点）

综上所述，本课程创新“寓道于教、寓德于教、寓教于乐”为“三寓”+“注重评价”，在有限的教学时间内，精选案例感染学生、挖掘触及灵魂的科学道理和人生哲理，画龙点睛地引领大学生的理想信念、价值取向、社会责任。与传统教学有区别的地方是学生的作业中要体现对课程的思考和思维方式，所以课程中增加了小组讨论、小组汇报环节，同时注重应用性、创新教学中，充分利用信息化教学手段，精选紧密贴合热点的案例视频、课上巧妙设计互动问答、讨论与评价环节，引人入胜中潜移默化地在传授专业知识的同时对学生进行思政教育，充分发挥课程的协同效应（见图6）。同时，在课程中增加程序设计环节，展示实际数据分析案例，帮助学生理解知识，同时鼓励学生在学科竞赛中应用数据采集技术，达到理论与实践结合的目的。通过学生的反馈，调整教学节奏，达到良好的教学效果。

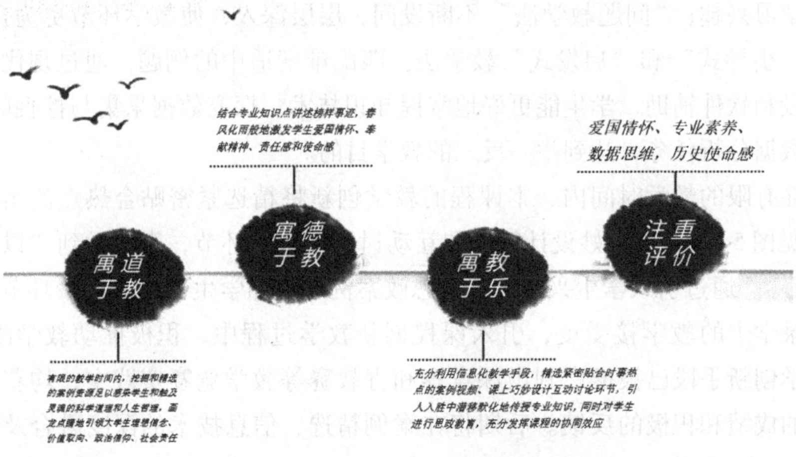

图6　“数据采集技术”课程创新教学PPT节选

参考文献

［1］中共中央，国务院．关于加强和改进新形势下高校思想政治工作的意见［S］．中发〔2016〕31号．

［2］杨胜才．高等学校“三全育人”的实践要求［J］．红旗文稿，2022（17）．

［3］政务：北京科协．大数据时代个人隐私保护必须加强伦理道德建设［N］．澎湃新闻，2022－04－17．

［4］政务：北京科协．智慧攻坚|当“大数据”遇上扶贫，它能做什么？

[N]. 澎湃新闻, 2020－07－24.

[5] 陈静. 课程思政在大数据专业课程中的教学研究与实践 [J]. 电脑知识与技术, 2021, 17 (24): 178－179, 188.

[6] 史蒂夫·斯托加茨. 微积分的力量 [M]. 北京: 中信出版集团, 2021.

[7] 政务: 湖北文旅之声. 向社会主义文化强国奋勇前进 [N]. 澎湃新闻, 2021－06－22.

[8] 董付国. Python 数据分析、挖掘与可视化 [M]. 北京: 人民邮电出版社, 2020.

[9] 刘蓉晖.《信号分析与处理》课程思政“三寓三式”范式的探索与实践 [N]. 思政资源库, 2023－03－09.

[10] 王江艳. 综合模拟实验课教学模式初探——以 R 软件为例 [J]. 科教导刊 (上旬刊), 2019, 382 (22): 122－123.

课程思政理念下应用回归分析教学改革与实践

——以南京审计大学为例

赵彦勇①

一、引言

儒家经典《大学》开篇第一句为“大学之道，在明明德，在亲民，在止于至善。”几千年儒家“大学之道”认为，立德和育人是成才之先，强调了学习培养学生自身文化修养和品德的重要性。因此“立德树人”也是我国当代教育和教育者要实施与完成的重要任务和主要任务之一。2020 年 6 月，教育部印发的《高等学校课程思政建设指导纲要》提出，把思想政治教育贯穿人才培养体系，全面推进高校课程思政建设，发挥每门课程的育人作用，提高高校人才培养质量。

应用回归分析课程是高等院校应用统计学专业、数据科学与大数据技术专业等的重要专业课之一，同时，该门课程也为以上多个不同专业学生后续课程的学习提供了必要的统计学知识储备和数据在不同场景中的应用实例。因此，将课程思政内容融入应用回归分析的课堂教学，使教师能够在传授科学文化知识的同时，提高学生社会责任感和明辨是非的能力，促进学生品德和智力的双向发展，从而将建设高校学生的思想政治任务落到实处。

二、课程教学现状

南京审计大学的统计与数据科学学院的前身为应用数学学院，成立于 2003 年，其后四易其名，包括数学与统计学院、理学院、统计与数学学院，2021 年 4 月正式更名为统计与数据科学学院。学院现拥有统计学一级学科博士学位授予权（2021 年）、统计学一级学科硕士学位授权（2017 年）和应用

---

① 赵彦勇（1987—　），男，山东青岛，博士，教授，主要从事复杂数据分析、统计机器学习、应用统计等研究。

统计专业硕士学位授权（2017 年）。2017 年开始正式招收统计学专业本科生，并将应用回归分析课程作为核心专业课之一。随着全球信息化进程的推进和大数据技术的发展，统计学专业的人才缺口较大，给南京审计大学招聘统计学专业的教师带了较大的困难，因此没有形成固定统计学专业的教学团队。同时，加上该门课程知识面覆盖广、应用场景多，考虑到课堂教学学时有限的问题，教师授课时通常将教学重心放在理论证明和案例分析上，为了将课程思政内容有机地与课堂教学有效结合，授课教师通过将课程书本内容与当下社会的热点问题、思政元素等相融合，在教授理论知识的同时，又有效地提高学生的思政教育水平，从而促进学生全面发展。

三、课程思政实施的必要性

应用回归分析授课对象为高等院校应用统计学专业、数据科学与大数据技术专业、计算机科学与技术专业等多个专业学生，大多数为理科生，下面将从文化熏陶需求和认知适度引导需求两方面高校对高校理科学生实施课程思政的必要性进行详细的阐述。

首先，应用回归分析课程在南京审计大学的开设对象为理科学生，这些学生逻辑思维强，在学习科技知识和动手能力等方面表现出色，但在社会情怀方面缺乏熏陶。另外，部分教师培养人才的重点更多地放在育“才”而不是育“人”和育“德”上。因此，理科学生更需要通过“课程思政”来学习社会主义核心价值观，培养正确的世界观、人生观和价值观，从而更好地参与中国特色社会主义的国家建设。此外，课程思政有助于学生在学习理论知识的同时，更好地理解和应用知识，提高社会责任感，增强爱国主义情怀和民族凝聚力，为祖国发展作贡献。

其次，应用回归分析在南京审计大学大三上学期开设，在这一时间节点上，学生对于如何与人相处、如何处理突发状况等问题都逐步形成自己的认知与理解，但多种多样和参差不齐的媒体舆论会对其判断产生一定影响。此外，他们即将面临大四的实习，是离开校园步入社会的一个过渡阶段，课程思政可以帮助学生更好地提升自身的政治素养和判断能力，抵制不良诱惑，树立正确的价值观和道德观，从而更好地适应社会的发展。因此，教师需要适时、适当、适度地引导，在课堂授课中融入思政元素，以帮助学生形成正确的人生导向。

综上所述，将应用回归分析的课程教学与思政元素有机结合，能够在提高学生学习效果和自主学习积极性的同时，促进学生综合素质的提升，从而实现全面育人的目标。

四、开展课程思政的可行性分析

（一）开展应用回归分析课程思政的内容优势

应用回归分析作为统计学专业一门重要的专业主干课，在社会经济、管理、金融等领域的应用极为广泛。也为后续专业课程（如非参数统计、贝叶斯统计、统计机器学习等）的开展奠定基础，受到教师和学生的重点关注。学生对知识获取的渴望为应用回归分析课堂创造了良好的育人环境。另外，回归分析历史悠久且成绩斐然，有知识覆盖面广且文化底蕴丰富的特点，许多性质定理都能和思政教育元素相结合，在传授知识的同时，可以促进学生文化自信，提升学生的思想政治素养。因此，应用回归分析课程思政具有宽泛的内容优势。

（二）开展应用回归分析课程思政的时间优势

大学阶段是学生学习大量知识和树立正确人生观和良好品德的一个关键的发展时期，学生在这段时期，能够认识并掌握更多更全面和更多元的理论知识，也会尝试与他人相处和集体相处的方法，锻炼实操能力并培养优秀的个人品德。相较于大一、大二学生对平衡学习与生活、处理人际关系等问题的无措，甚至是焦虑和不安，大三学生逐步形成了自己的认知。另外，学生对层出不穷的舆论及诱惑的识别能力不高，这常常会对学生人生观、价值观等的培养带来阻碍。因此，在这个开展应用回归分析课程时期教师对学生的适度引导，开展应用回归分析课程思政具有显著的时间节点优势。

另外，学生的思想政治教育具有战线长、个体差异大等不同特点，这需要教师通过长期探索和不断实践才能总结出一套较有成效的思政教育融合的教学机制。而应用回归分析课程具有课时多、时间跨度长的特点，多数专业都需要至少学习两个学期，每周 6 学时的教学安排。因此，开展应用回归分析课程思政有时间跨度优势。

五、开展课程思政要解决的关键问题

（一）重视思政育人工作，消除思想误区

部分应用回归分析教师受到自身教学习惯的影响，对课程思政的推行工作存在认知上的不足和行动上的懈怠。例如，一部分教师未能正确认识到课

程思政对学生素养提升的重要性，将教授理论知识与思政教育割裂开，对学生的思想政治教育缺少主动性与积极性。还有一部分教师未能平衡好开展课程思政与正常教学之间的关系，担心课程思政的开展会对正常教学进度、教学质量及学生的知识消化吸收率产生影响，对学生的思政教育有所懈怠。因此，教师必须提升自身的责任感和思政教育能力，清晰认识到思政教育的重要性，树立思政育人意识，将育人作为教学的重点，将应用回归分析知识传授与思政教育工作相结合，培养学生的全面素质。

（二）探索德育思政元素，融入课程教学

应用回归分析教师的传统教学方法多侧重于基本的理论推导和实证分析，对理论定理所蕴含的价值观等思想政治元素的传授较少。应用回归分析作为一门统计学类基础课程，文化底蕴丰厚，其中包含着丰富的思政教育理念；涉及理论知识面较为宽泛，与思政教育理念结合的切入点较多。在应用回归分析课程的教学过程中，教师应在实现原有教学目标条件下，利用情境、抓住契机，积极探索课程相关思政元素并将其巧妙融入理论知识的传授中，以随堂讨论、汇报总结等方式引导和教育学生学会做人、学会做事，在传授理论知识的同时，提高学生的思想政治素质，充分发挥应用回归分析课程的育人作用。

（三）完善考核评价体系，激发学习动力

应用回归分析课程的传统评价考核标准一般仅考虑学生的知识掌握情况，缺少对学生德育效果的评价与管理。例如，学生平时成绩的考核主要从出勤率、任务完成情况和课堂表现三方面进行考量，且任务完成情况在平时成绩考核中占比较大，而学生任务完成的相似度较高，单一的课程评价考核指标很难全面地对学生的课程学习情况进行反映。因此，教师应完善考核评价体系，对思政教育效果和学生学习情况综合分析，从课堂积极性、创新意识及学习主动性等多个方面综合考量应用回归分析课程教学效果，激发学生的学习动力。

六、课程思政的实施方案

（一）在理论教学中激发学生创新意识

应用回归分析的理论推导连贯性较强，涉及知识面较广。教师在授课过程中，要积极引导学生思考问题提出的缘由、理论方法间区别联系、应用场景及约束等，从各个层面深度剖析理论，鼓励学生发挥创造力，对课本上的

知识进行延伸拓宽，并结合应用回归分析课程特点，将思想政治教育融入教学中，从而提升学生综合素质。例如，在介绍岭回归方法一章中，当设计矩阵列向量间有较强的相关性时，用普通最小二乘的参数估计方法效果不再理想，为克服这一困难，研究者对该方法进行延伸改进，岭回归就是其中最为大家熟知的一种改进方法。正如马克思所说："要用发展的眼光看待问题。"引导学生发挥能动性和创造力，敢于打破认知壁垒，推动统计理论的发展。

（二）在案例分析中培养学生哲学思维

以实际案例为基础的教学方法可以帮助学生更好地理解理论来源和应用场景，在实践中验证理论的合理性与可行性，将学生由被动地接受知识转变为主动地探索知识，树立学生的学习主体意识，激发学生对专业课的学习兴趣，将思政教育与案例分析相结合，在探讨应用回归分析理论知识的同时，潜移默化地积极引导学生的政治思想和政治素养。例如，在建立实际问题的回归模型时，经常出现与基本假设相违背的情况，如异方差性和自相关性等，针对不同问题提出相对应的解决方法。引发同学们思考，在生活中是否也曾出现过，普适的方法在解决新问题时不再适用的情况，引导学生一切从实际出发，渗透主观与客观相符合、按照客观规律办事、具体问题具体分析的哲学道理。

（三）在汇报讨论中锻炼学生自主学习能力

在准备汇报和分组讨论的过程中，学生对所涉及的知识点能够有更深层次的理解，更加深入地对问题进行探讨，提出有效的解决方案，从而掌握更多知识，锻炼语言组织和表达能力。例如，在探讨主成分回归思想概念时，采取分组 PPT 汇报的形式，由学生们课下收集信息，合作探讨交流，最终得出主成分分析方法是将多个特征用少数几个重要指标表示达到降维并保留足够多信息目的，从而将复杂问题简单化的结论，引导学生理解事情的辩证统一性，在学习生活中积极合作交流，培养自主创新的意识。

（四）完善应用回归课程考核体系

专业课教学的重点在于立德树人。教师应当对传统的应用回归课程的单一考核体系进行完善，根据学科特点，确定考核的重点，完善考核内容，通过充分调研和实践对大学生课程考核指标进行改进，比如教师可以将学生的政治意识、道德修养和文化素养等纳入考核，促进学生全面发展；另外，教师可以采用多样化的考核方式，如问答、论文、报告等方式对学生的学习成果进行考核，完善考核方式，激发学生对专业课的学习兴趣，更好地发挥考核的作用；最后，教师应当结合应用回归分析的教学特点及课程要求，采取更科学的教育评价方案，比如采用综合考核的方法，从课堂积极性、创新意识及学习主动性等方面综合评判学生的学习成绩、考试成绩、实践能力等情况，以更加准确、全面的方式反映学生的课程学习和思政教育成果。

七、结论

本文通过分析思政理念下应用回归分析教学的待解决的关键问题和展示将课程相关思政元素融入理论知识传授的案例，提出以下三点课程思政教学实施方案：从各个层面深度剖析理论，引导学生发挥能动性和创造力；以实际案例为基础，将应用回归分析理论联系实际，树立学生的学习主体意识；通过汇报讨论的方式促进学生的互帮互助和自主学习；完善应用回归课程考核体系，采用综合评价的方法考量学生的全面素质。将应用回归课程教学与思想政治教育相融合，推进“大数据”环境下应用回归课程思政教学，将思政理论与应用回归分析理论相结合的课程教学改革具有重要的参考价值和实践意义。

参考文献

［1］马丽丽，韩平，邬万江．《统计学原理与应用》课程思政教学设计实践与反思［J］．经济师，2023（2）：213－214，219．

［2］闫兰香．统计学课程思政教学改革探索与实践［J］．邢台职业技术学院学报，2022，39（6）：20－22，62．

［3］文娟．从统计学视角探索《统计学》课程思政教学改革［J］．经济资料译丛，2022（3）：95－100．

［4］李滢，张亮，宗义湘．统计学课程思政教学改革探究［J］．保定学院学报，2022，35（4）：111－114，136．

［5］公徐路．课程思政下离散数学课堂教学中的改革与实践［J］．大学数学，2020，36（4）：25－30．

［6］张秀莲，王春辉，王旭宏．金融市场学课程思政存在的问题研究［J］．现代商贸工业，2023，44（5）：193－195．

乡村振兴背景下高校思政课程实践育人的途径探究

——以南京审计大学为例*

刘　镇①

一、引言

党的二十大报告强调全面推进乡村振兴，扎实推动乡村产业、人才、文化、生态、组织振兴。自2021年我国打赢脱贫攻坚战以来，党和国家的工作重心历史性转向全面推进乡村振兴。这就要求高校在强化理论教学的同时，还应重视和开展好实践教学。南京审计大学围绕课程思政实践育人，开展了内容丰富、形式多样的实践活动，如开发专题课程、深度组织策划红色之旅暑期社会实践、选拔孵化“互联网+”创新创业大赛红旅赛道项目等，启发和鼓励学生结合自己的专业、特长、兴趣爱好等，展开以“三农”为主题的社会实践，深度参与乡村振兴中，把人生抱负落实到脚踏实地的实际行动中来，把学习奋斗的具体目标同民族复兴的伟大目标结合起来。

二、推动高校思政课程实践育人对接乡村振兴的战略意义

围绕贫困问题解决，形成的指导思想、制度文件和无数党员干部群众用青春和热血甚至是生命凝结成了伟大的脱贫攻坚精神。脱贫攻坚精神和乡村振兴的宏伟蓝图，是讲好“大思政课”的丰富而宝贵的素材库，将现实生活中鲜活人物、感人事件和典型案例转变为培养社会主义建设者和接班人的生动教材，让学生在学习理论知识的同时，增进对农村社会发展现状问题的思

* 2020年，南京审计大学高等教育研究所课题，精准扶贫视域下南审学生“扶贫与扶智”研究，项目编号：2020JG024；2020年度高校哲学社会科学研究一般项目，长效返贫阻断：江苏“五方挂钩”帮扶机制中高校的目标取向与行动转向，项目编号：2020SJA0350。

① 刘镇（1986—　），男，安徽巢湖，硕士，助理研究员。主要从事基层治理和乡村振兴等研究。

考，增强对国家政策的理解和认同感，培养他们的社会责任感和使命感。通过实践获取知识、提升能力，成为课堂教学这个主渠道之外，越来越不可或缺的补充。

高校的思政课程实践育人是通过将思政课程与乡村振兴紧密结合，使学生在实践中学习党的基本理论、基本路线和基本方略，增强“四个自信”，坚定“四个意识”，自觉践行社会主义核心价值观，为乡村振兴贡献智慧和力量。

一是培养具有服务国家战略意识的人才。高校学生通过参与乡村振兴实践活动，能够更好地了解乡村振兴的重要性和实践意义，从而增强自身的国家意识和服务国家战略的意识。同时，也能在参与乡村振兴的实践活动中，更直接地了解国家的发展战略，更好地感悟各项惠民利民政策的实施，从而增强为国家发展做贡献的信心和决心。

二是推动高校资源与乡村振兴对接。高校思政课程实践育人与乡村振兴对接，将高校资源和专业知识向乡村振兴倾斜，为乡村振兴提供智力支持和技术支持。高校可通过教学与科研，为乡村振兴提供科学规划、决策咨询、技术创新等支持，为乡村振兴注入新的活力和动力。

三是有助于推动实践育人的教学改革。高校在强化思政课程理论教学的同时，还重视开展好思政课程的实践教学，将人才培养置于服务国家发展战略，服务经济社会发展需要的背景下，来设计课程改善教学效果，更好地将理论与实践相结合，提高教育教学质量。

在青年学生中组织开展“暑期社会实践”“三下乡”等，让学生在参与广度和实践深度两个方面充分接受锻炼，为实践育人反哺立德树人产生了积极影响。2022 年，南京审计大学紧紧围绕“永远跟党走 奋进新时代”主题，全校共组建了 413 支实践团队，12176 名大学生，奔赴祖国各地，开展党史学习、国情观察、理论宣讲、乡村振兴等各类针对性高、实效性强、影响力好的社会实践活动。暑期社会实践团队充分利用互联网优势，在多平台进行活动宣传，广泛投稿，获得人民日报、中国青年网、中青校园、观察者网、中国新闻网、搜狐网、中国大学生网、今日头条、中国共青团、新华网客户端、中国日报网、网易新闻等各大主流媒体平台的报道，其中国家级稿件共 627 余篇，省市级稿件 1220 篇，校院级稿件 1438 篇。同时，形成专项实践调研报告 457 篇，新增加社会实践基地 17 个。

三、推动高校思政课程实践教学对接乡村振兴的现实基础

一是国家政策支持。近年来，国家出台了一系列政策，鼓励高校思政课程与乡村振兴相结合。例如，教育部印发《关于深化思想政治理论课改革创新的实施意见》，明确要求加强思想政治理论课与社会实践相结合的教学模式。此外，国家还出台了相关政策，如"三区三州"等重点扶贫地区优先发展教育的政策，为高校思政课程实践教学对接乡村振兴提供了政策保障。

二是乡村发展需求。当前，中国正处于城乡发展的转型期，乡村发展面临着许多挑战和机遇。为了促进农村经济的发展和社会进步，需要大量的高素质人才来支撑。而高校作为培养高素质人才的重要基地，应该积极响应国家号召，将思政课程与乡村振兴相结合，为乡村输送更多优秀人才。

三是高校育人需求。高校思政课程是一门以培养学生的思想道德素质为主要目标的课程，其特点是注重理论与实践相结合，这与乡村振兴的要求高度契合。将思政课程与实践教学相结合，可以让学生更好地了解农村的实际情况和发展需求，提高他们的社会责任感和使命感，为乡村振兴作出贡献。高校教师队伍具有丰富的教育教学经验和专业知识，能够为思政课程实践教学提供有力的支持。同时，高校教师还可以利用自身的资源优势，开展各种形式的实践活动，如实地考察、社会调查等，让学生深入了解农村的实际情况和发展需求，提高他们的实践能力和创新能力。

四是多方力量参与。随着社会的关注度不断提高，越来越多的社会组织和企业开始关注乡村发展问题。这些组织和企业可以通过与高校合作，共同开展实践活动和科研项目，为乡村发展提供更多的支持和帮助。此外，一些地方政府也开始重视高校思政课程实践教学对接乡村振兴的重要性，积极与高校合作，共同推动乡村振兴事业的发展。随着社会的不断发展，越来越多的学生开始关注乡村问题，并积极参与乡村振兴事业中。他们希望通过自己的努力，为乡村的发展作出贡献。因此，将思政课程与实践教学相结合，可以更好地激发学生的参与热情，提高他们的社会责任感和使命感，为乡村振兴作出更大的贡献。

四、探索高校思政课程实践教学对接乡村振兴的新模式

南京审计大学在推动高校思政课程实践教学对接乡村振兴方面，开展了诸多卓有成效的工作，开设专题课程，共建实习实践基地，拓展师资队伍，

优化学生评价等，在教学的内容、方法和考核上下功夫、做文章。

（一）开设专题课程

多年来，南京审计大学一直深度参与江苏省内对口帮促工作，持续选派人员挂职淮安涟水县、淮安区等地经济薄弱村第一书记，开展为期2年的驻村帮促工作。挂职人员任务结束后，在学校开设“社会实践与调查方法”“乡村振兴与大学生创新创业”等实践课程，用自己的亲身经历和具体的实践案例，阐释乡村振兴目标、政策等内容，帮助学生深入了解乡村振兴的理论与实践。

通过开始专题课程，普及乡村振兴的基础知识，培养大学生开展创新创业的基本素养，鼓励学生投身社会实践，将关注的乡村旅游，新品种农作物推广与种植，扶贫商超等想法去落地，转化为中国国际“互联网+”大学生创新创业大赛、国家级大学生创新训练计划的具体项目。学校润园书院以南审帮扶村为背景，拍摄“我心目中的思政课”主题宣传片获得全国的思政课大赛优秀奖；“授人以渔”暑期社会团队来淮调研苏嘴小西瓜生产销售情况，提出了成立专业合作社、成立农产品经纪公司等建议，被当地政府采纳。

（二）共建实习实践基地

建立乡村振兴实习实践几点，把实践课堂开在广袤的农村大地上，创造条件让学生和地方群众近距离接触，在实践中检验所学，领悟新学，把书本中的思政理念融入日常生活中。校团委开展“进乡村，讲金融，普法治，助力乡村振兴”主题活动，KAB俱乐部以淮安区为例开展乡村振兴创新创业大赛，并设立暑期社会实践、志愿服务基地等。

（三）拓展师资队伍

在实践教学方面，邀请一线工作人员，以视频连线、现场讲授等方式，还原振兴路上的奋斗历程，给学生代入感和情境感，希望学生们关注学校对口帮促乡镇的发展情况，力所能及地作出努力，提供帮助。比如，在讲到特色小镇发展模式时，学校选择对口帮促的淮安区苏嘴镇作为典型案例。邀请乡镇负责人介绍该镇成立“西瓜党建联盟”，订单制种植和推广“苏梦六号”特色品种小西瓜等方面情况，加强生农互动，增强了学习的趣味性。同时，学校还挖掘校友资源，将从事与农业有关的行业，如有机种植、线上商城、线下商超、农产品物流等校友整合，在助力乡村振兴和指导学生成长上同时双向发力，互相促进、共同提升。

（四）优化学生评价

在学生考核环节，要求教师以发展的眼光来评价学生，突出过程性和成长性。改变原有的，以大比重的期末作业来考核。采用五级积分制，突出思考性作业的布置与考核，创设小组协作的命题任务，完成规定话题的专题报告等，把对学生的考核贯彻在实践教学的全过程。从评价主体来看，在小组协作环节，既让小组自评也让小组成员之间互评。以小组汇报质量和小组成员的贡献度来给出成绩。从实践来看，考核方式的优化大大地调动了学生的积极性，由于强制的五级赋分，会使想要取得好成绩的学生必须完成好阶段任务，积极参与研讨，为小组作出贡献，从而变被动学为主动学，这也让学生就关心的问题进行了深度思考和充分的交流，为开展后续的工作奠定了基础。

五、结论

在国家战略历史性转入乡村振兴的新阶段，高校的思政课程实践育人对接乡村振兴具有战略意义，分析了对接乡村振兴的现实基础，并以南京审计大学为例，从开设专题课程、共建实习实践基地、拓展师资队伍、优化学生评价四个方面介绍了探索的实践新模式的具体内容，引导更多的学生积极投身乡村振兴，让他们在实际行动中体现价值。

参考文献

［1］习近平．思政课是落实立德树人根本任务的关键课程［EB/OL］．(2020－08－31)［2021－08－16］．http：//www.qstheory.cn/dukan/qs/2020－08/31/c_1126430247.htm.

［2］孙莉．思政教育视野下高职教育助力乡村振兴战略实施的路径研究［J］．教育与职业，2020（21）：50－54.

［3］李佳薇．“红色青年筑梦之旅”融入思想政治教育路径研究［J］．现代商贸工业，2023，44（13）．

［4］张小玲．地方应用型高校思政教育社会实践育人对接乡村振兴战略的着力点和实施路径［J］．安徽农业科学，2022，50（18）：251－254.

［5］李晓晓．乡村振兴背景下高校思政课实践教学新路径探究［J］．河南教育（高等教育），2023（1）：46－47.

［6］田鸿芬，付洪．课程思政：高校专业课教学融入思想政治教育的实践路径［J］．未来与发展，2018，42（4）：99－103.

大数据背景下课程思政和“统计软件与数据分析”课程融合的教学研究

岳莉莉①

随着信息技术的不断发展，医学、经济学、气象学、生物学、社会学、环境生态学等众多领域以及金融、餐饮、交通、通信、娱乐等行业可以更加容易地收集并储存数据，这些数据不仅以数字的形式呈现，还经常以文本、图像、视频等形式呈现，而人们也无时无刻不暴露在大数据环境中。这一切无疑使人们之间的交流越来越密切，生活也越来越方便，同时也带来了相应的问题。由此可见，结合大数据给学生带来的影响，围绕如何将其与课程思政相结合，通过“统计软件与数据分析”这门课程，渗入学生的生活中，从而起到提高教育质量并促进学生全面发展的关键作用，进而帮助企业得到更好的发展。

一、大数据对学生生活的影响

（一）大数据的含义

2010 年，肯尼思 · 库克耶发表了一篇大数据方面的专题报告，标志着其较早了解到大数据的发展趋势。2011 年 5 月，美国麦肯锡全球研究院发表了一篇主题为“大数据：未来创新、竞争、生产力的指向标”的研究报告，该研究报告提出，数据已经渗透到各行各业以及各种业务职能领域，并成为一项重要的生产因素。2012 年 2 月，《纽约时报》中的一篇文章提到，大数据已经不断地涌入经济和商业等领域，人们所要采取决策时不能像过去一样仅仅使用其原有的经验和直觉，而是需要依赖于科学的数据分析过程去获得合理的判断。

---

① 岳莉莉（1991—），女，山西长治，博士，讲师，主要从事高维数据和面板分析，因果推断等研究。

习近平总书记在十九届中共中央政治局第二次集中学习中提出：大数据是信息化发展的新阶段，并提出了“推动大数据技术产业创新发展、构建以数据为关键要素的数字经济、利用大数据提升国家现代化水平并促进保障和改善民生，以及切实保障国家数据安全”的战略部署。在这种情形下，如何合理并有效地进行数据分析就成为一项重要的工作，“统计软件与数据分析”这门课程可以帮助人们解决这样的困惑。

所谓的大数据，直观上可以理解为大量的数据，指的是越来越多的数据，而每个数据都代表着某种信息。如何从大量数据中提取有效信息，实现数据的商业价值和政府价值，是科学研究和企业发展的关键。大数据研究机构Gartner给出大数据如下定义，大数据是一种需要借用新的处理方式来满足海量、高增长率和多样化并获取更有效的决策和流程优化能力的信息资产。麦肯锡全球研究院定义大数据是一种远比获得、储存、管理和分析传统的数据库规模更加庞大且所需技术和能力要求更高的一种数据集合。大数据通常具有数据规模海量性（计量单位至少1000个T、100万个T或10亿个T）、数据类型多样性（文本、音频、视频、图像）、数据流转快速性、价值密度低等特点。大数据的价值主要体现在为人类提供了一种认识复杂事物的新思维方式，以及探索客观规律、改造自然和社会的新手段。

（二）大数据给学生带来的影响

处在信息技术如此发达的时代，信息传递方式以网络传播为主导，我们会无时无刻地发现不理解、不明白的知识都可以通过网络搜索获得，并且在网络上可以看到各种各样的信息（文本、视频、图片），这便是大数据的多样性给我们带来的与众不同的感受。与此同时，我们的生活方式和生活习惯也相应地发生了很大的变化。比如，2010年左右，我们的手机只具有简单的通信功能，现在我们基本每个人都拥有一部智能手机，可以随时随地用于办公（读取邮件、打开各种格式的文件）、健康咨询（各种医院App或者小程序，方便大家问诊）、放松娱乐（观看或录制各种抖音、快手小视频）、掌握实时天气（方便大家出行）。

大数据给学生带来的正面影响主要包括：（1）丰富了学习方式和场景。学生不仅可以线下学习，还可以在网络上找到很多的学习视频，这给学生提供了更多的学习机会，减弱了时间的局限性。（2）拓宽了学生的知识面。学生每天的生活不仅是学习书本知识，还可以通过各种视频网址，学习到课本以外的知识，比如如何进行视频编辑和剪辑；又如哪些地方存在安全隐患，如何预防等。（3）增加了交流机会。避免了学生的尴尬时刻，不用再有不好意思的时刻，可以通过微信、QQ、邮件等多种方式向老师请教问题。（4）拓展了学生的诉求表达方式，方便他们释放天性，减少学习的压力，提高生活的幸福感。

大数据给学生带来的负面影响主要包括：（1）学习隐患暴露。学生接触的文化增多，如美妆技巧、追星发布会等，使学生开阔了眼界，心理得到了满足，但同时使其用在学业上的时间变少。（2）辛苦奋斗的意识减弱。一些对感官冲击较大的视频，给意志力薄弱的学生造成了不良的影响，认为自己也可以一夜暴富，不需要实现积累的过程。（3）信息安全问题增多。比如，学生们可以随时随地上网，那么就会随时留下上网痕迹，而这些数据具备共享性和较低的私有性，导致信息泄露。近年来，学生接到的诈骗电话日益增多，造成了无法想象的损失，更为严重的是造成了生命威胁。

二、课程思政融入“统计软件与数据分析”课程的必要性

（一）“统计软件与数据分析”课程介绍

如今这样一个大数据时代，每时每刻我们身边都流动着各种各样的信息，如数值数据（股票、彩票、金融、气象）、文本（小红书、知乎、博客）、视频（抖音、快手、哔哩哔哩）、图片（医学影像、人脸识别、交通）。如果想通过这些海量数据获得有价值的信息，就不能像过去一样仅仅使用自身原有的经验和直觉，而是需要依赖于科学的数据分析过程去获得合理的判断。数据分析指的是利用有效的方法和技术手段进行收集、处理数据并发现有效信息的过程，目的是将实际问题中杂乱无章的数据进行整理，去粗存精，找到数据本身的规律性，从而给相应的企业家提出合理的建议。

“统计软件与数据分析”作为统计学相关专业大三学生的一门专业选修课程，以统计分析方法为参考，致力于开阔学生看待问题的视野，使学生掌握统计 R 软件的基本语言和运算，以及数据分析过程中经常需要使用到的一些描述性和推断性统计分析方法，从而促使学生在如今的大数据环境下，具备数据清洗、数据预处理、数据分类、数据聚类、数据分析及预测等方面的能力，体验到数据分析的乐趣，养成融会贯通的思维习惯，形成完整的数据分析思维，提高学生的创新能力和综合素质，便于他们将来走向社会的时候能够从事与数据分析相关的工作，为我们国家的建设贡献一份力量。

（二）课程思政的必要性

2016 年 12 月，习近平总书记在全国高校思想政治的工作会议上强调，要

坚持以立德树人为中心，把思想政治工作贯穿到教育教学全过程，努力开创我国高等教育事业发展的新局面。2020 年 6 月，教育部印发了《高等学校课程思政建设指导纲要》并提出，所有高校、学科专业要全面推进课程思政建设，发挥好每门课程的育人作用，提高高校人才的培养质量。

课程思政本身是一种课程观念，是有效地将思政教育元素融入各个学科的教学工作中，是任课教师在传道授业解惑的过程中潜移默化地引导学生建立正确的人生观和价值观。课程思政主要注重提升大学生的道德素养，增强大学生的爱国意识和民族自豪感，进而激励学生努力为自己的梦想和国家贡献一份力量，最终实现“立德树人”的人才培养目标。目前，课程思政已经成为高校教学工作中的一个必要要求，是每位教师都必须实行的一个准则，帮助教师，高校明确“培养什么人”“怎么培养”“为谁培养”。只有高度重视思政教育工作，发挥立德树人的核心作用，才能实现教育德育的正向循环，并培养出大数据时代下全面发展的高水平人才和社会主义接班人。

（三）“统计软件与数据分析”开展课程思政的重要性及优势

随着互联网的快速发展，我国迫切需要大量能够从事数据分析工作的人才，尤其是金融证券、市场营销、人力资源与管理等行业。“统计软件与数据分析”课程的内容，足以满足数据分析相关工作岗位对学生的要求，也成为大学生未来求职道路上的一块“敲门砖”。在实际问题中，我们可以看多各种各样的数据，如股市、医药、旅游、电商、金融、国际贸易数据等，并且涉及诸如电信诈骗、信息泄露、造假及虚假宣传、公平竞争等方面的问题。因此，高校教师在讲授数据分析的具体思路和方法的同时，还需要坚持以习近平新时代中国特色社会主义思想为指导，注重挖掘并梳理课程内容所包含的思政元素，充分发挥专业课程的育人作用，为国家和社会培养出“德”“智”“技”全面发展的高素质人才。

1. 从学生角度出发。学生掌握了统计软件与数据分析相关的内容，将来可以从事各行各业的数据分析与管理工作，即涉及的工作岗位范围较广。如果学生在课程专业知识的学习过程中，通过教师的思政元素引导，能够促使其养成勤劳务实、遵纪守法、追求真理、诚实守信、与时俱进、热爱祖国的美好品德，那么，学生在将来的工作中才会心系祖国，具有良好的职业道德素养，坚持正确的价值观以及政治立场，构建并发展好一支正能量的团队进而促进新时代中国的繁荣昌盛。

2. 从教师角度出发。将思想政治教育悄无声息地融入课程专业知识的传授过程，对教师来讲不仅是一项挑战，也是一次素质能力提升的过程。教师在《统计软件与数据分析》的教学全过程中有机地融入“爱国、勤劳、敬业、诚信、务实”等思政元素，不仅实现了“教书”，更实现了“育人”这一深层次的教学目标。学生在受到这些教育引导后，逐渐形成了正确的人生观、价值观，学会坚持正确的社会主义政治方向，勇于承担社会责任，具备崇高的职业道德素养，同时教师也增加了职业荣誉感和事业成就感，促使教师不断地进行思考和创新，实现了德育教育的正向循环。

三、“统计软件与数据分析”课程思政教育策略的探索

学生在面对大数据带来的机遇的同时，也要注意其所产生的负面影响，从而做到与时俱进，使自己成为德才兼备的新时代数据分析人才，为国家和社会贡献一份力量。为了实现这一培养目标，需要将课程思政悄无声息地融入统计软件与数据分析课堂的教学活动中，实现“课程”和“思政”两不误。

（一）提高任课教师的思想政治素养

在课程专业知识的教学过程中，教师起着至关重要的作用。习近平总书记多次指出，课程思政实施的关键在于教师。因此，教师在拥有较强的专业知识水平的同时，更应该具有坚定的政治立场和较强的思想政治意识。任课教师只有自己在政治思想上具有认同感，才能在平常的教学过程中有机地传递给学生正确的人生观和价值观，发现专业知识背后的思想政治元素并促进自己教学水平的不断提升，给学生树立好榜样的作用，引导学生进行独立的思考、树立正确的理想信念、养成认真负责的态度、具备团结协作并耐心解决问题的能力。主要可以通过以下几种方式：（1）自身积极关注国内外时事政治；（2）学校集中组织学习和探讨；（3）以赛促教的各种教学比赛；（4）聆听课程思政的专家讲座和专题培训，可以协助教师提高其自身的思想政治水平，帮助教师明白融入课程思政的重要性，进而增加教师专业知识讲授过程中悄无声息地引入思想政治元素的动力。

（二）明确课程培养目标

统计软件与数据分析课除了需要注重学生的软件运用能力、数据分析这两方面能力的培养之外，更应该注意到目前的大数据时代给学生造成的负面影响以及学生可能存在的问题。在课程教学过程中，通过引入一些贴近生活的实例，吸引学生注意力的同时介绍问题的解决分析方法，并潜移默化地加

强学生的思想政治觉悟，养成良好的职业道德素养，坚定学生的政治立场，培养学生学以致用、报效祖国的使命感和责任感，真正实现“立德树人”的人才培养目标。

（三）优化教学内容，潜移默化地引导学生加强思想政治觉悟

采用什么方式对学生进行思政教育，是一个至关重要的问题。因为只有学生不产生抗拒心理，心甘情愿去接受才能达到最好的教育效果。于是，在课堂这一思政教育的主要渠道中，教师要根据教学目标，以大学生需求为导向，贴近同学们的生活，进行专业和思政的教育教学工作的同步实施。

目前的大学生都是“00后”，他们极其容易接受新鲜事物，容易受到外界的影响，喜欢通过网络交流，这些特点要求教师在选取实例的时候要以学生感兴趣的内容为切入点，针对不同专业的学生，应根据实际情况有针对性并灵活地调整教学内容。通过一些切合实际的案例，激发学生的学习兴趣，悄无声息地达到思想政治教育的目的。比如，股市数据收集的过程中，要注重培养学生的职业道德素养以及尊重知识产权的意识；数据清洗过程中要培养学生的探索创新精神，帮助学生树立勤劳苦干、认真负责的态度；数据的可视化分析，要培养学生的辩证思维能力，引导学生用发展的眼光看待问题；数据分析过程中，要培养学生的独立思考能力、精益求精和求真务实的态度；“酒店2000万入住信息泄露”案例，引导学生注重隐私安全问题，并学会建立相应的统计模型分析那些因素或环节导致了客户信息泄露；国内多款人脸识别App严重违法等视频，培养学生诚实守信、遵纪守法的职业素养；使用数据分析工具，对比2020年1月暴发的新冠疫情国内外患病和治愈人数，说明我们国家体制的优越性，增强学生的爱国情怀、民族自信。此外，可以发挥学生的主动性和创造性，鼓励他们参加各种数据分析的比赛，如全国统计建模大赛、“正大杯”全国大学生市场调查大赛等，感受数据之美的同时，培养他们追求真理、勇于创新、独立解决问题的能力，增加他们的职业认同感和荣誉感。

参考文献

［1］刘东风．短视频时代大学生思想政治教育策略［J］．思政教育，2021（14）：114－120.

［2］张烁．习近平在全国高校思想政治工作会议上强调：把思想政治工作贯穿教育教学全过程开创我国高等教育事业发展新局面［N］．人民日报，

2016-12-09.

[3] 中华人民共和国教育部. 高等学校课程思政建设指导纲要 [S]. 2020-06-01.

[4] 邱伟光. 课程思政的价值意蕴与生成路径 [J]. 思想理论教育, 2017 (7): 10-14.

“概率论与数理统计”课程思政教学建设方案

韩忠成[①]

一、引言

党的十八大以来，以习近平同志为核心的党中央高度重视学校思想政治工作。围绕培养什么人、怎样培养人、为谁培养人这个根本问题，习近平总书记先后发表一系列重要讲话、作出一系列重要指示批示，系统、科学、深刻地回答了事关新时代学校思政课建设的一系列方向性、根本性问题，为学校思想政治工作指明了前进方向。

2016 年 12 月 7—8 日，全国高校思想政治工作会议召开，习近平总书记强调，要坚持把立德树人作为中心环节，把思想政治工作贯穿教育教学全过程，实现全程育人、全方位育人，努力开创我国高等教育事业发展新局面。随后，教育部印发了《高等学校课程思政建设指导纲要》，提出要将思政教育全面融入所有课程。由此可见，发展思政课不仅是国家对教育的最高要求，也是未来人才培养模式改革创新的重要内容。

课程思政教育不仅仅是在专业课中教授思想政治教育，也不是严格地用思想政治课题教授专业知识，而是需要正确价值观的引导和社会主义核心素质的培养，实现学生知识、能力和行为的共同培养。从高校人才培养的角度，课程思政教育是培养学生的责任感和使命感，探索未知、追求真理、攀登科学高峰的重要组成部分。

从统计学专业的角度来看，课程思政教育可以引导学生通过学习统计学的知识和方法，增强正确的价值观和社会主义核心素养。“概率论与数理统计”这门课程作为大学生通识教育的重要组成部分，为学生分析和解决涉及不确定性和可变性的现实问题打下了坚实的基础，让我们根据数据和统计模

---

① 韩忠成（1988— ），男，江苏盐城，博士，讲师，主要从事统计推断、稳健估计与变点估计等研究。

型作出明智的决定和预测，在金融、工程和生物学等领域都获得了广泛的应用。此外，它可以增强批判性思维、解决问题和分析能力，并帮助个人培养有效沟通复杂想法的能力。结合课程思政的统计学教育，还要在课堂上引导学生增强道德修养和社会责任感，加深对社会真理和科学道路的认识，激发其创新精神和实践能力。因此，课程思政是通过统计学课程促进学生全面发展的重要途径。

二、课程思政的相关概念

（一）课程思政的界定

课程思政是指在高等教育课程中开展的思想政治教育，是实现全程育人、全方位育人的重要组成部分。其产生的背景在于中国共产党和我国政府对高等教育和人才培养的需求，以及对教育的重要性和意义的关注。课程思政被视为培养学生正确价值观和社会主义核心素质，提高学生的道德修养和社会责任感，推动学生成为有道德责任感、具有社会责任感的公民的重要途径。

（二）课程思政的必要性

开展课程思政是为了培养全面素质高尚的人才，提高学生的政治素养和道德品质，使学生在专业学习的同时养成正确的价值观念和道德观念，为国家和社会的发展培养更加具有社会责任感和使命感的人才。此外，课程思政还可以帮助学生了解社会现实，强化对社会现实的认识和判断能力，为学生今后的社会发展和人生规划提供必要的思想基础。

（三）课程思政的实施路径

课程思政教育的实施路径通常由国家具体的教育政策和学生成长发展的需要共同决定。它主要包括以下几个步骤：

1. 制定和更新相关政策和准则，以规范课程思政教育的发展。制定和更新相关政策和指导方针，有助于规范课程思政教育的发展，确保课程思政教育的实施符合国家的教育方针和要求，促进课程思政教育的规范化和科学化。这也是保证课程思政教育质量和效果的有效途径。

2. 加强教师培训，使教师掌握正确的课程思政教育价值观、理论知识和教学方法。确保课程思政教学的实施科学、系统、有效，教师在传递和促进课程思政教育的理念和价值观方面发挥着至关重要的作用。通过提高教师的专业技能和知识，他们能够更好地创造积极的学习环境，为学生提供高质量的教育体验。这反过来有助于培养学生的全面发展，包括他们的思想政治意识、文化素养和对社会的责任感。

3. 将思想政治教育内容融入各学科，利用各学科的教材和方法促进学生的成长和发展。这种融合还可以加强学生对社会主义社会价值观和原则的理解，帮助他们培养责任感和使命感。促进学生正确的人生观、价值观、世界观的形成，提高学生的综合素质。

4. 建立评估体系，以衡量课程思政教育的有效性，并指导持续改进。建立评估体系，一是有助于确定课程思政教育的优势和劣势，并为改进提供反馈。二是可以帮助教师更好地了解自己的教学表现，并鼓励他们不断提高教学技巧和教学方法。三是可以帮助学生了解自己的学习进度，并激励他们提高学习动机和成绩。四是可以为制定和调整课程思政教学相关政策和指南提供方向。

5. 组织各种形式的实践活动和课外活动，为学生创造应用所学知识的机会，促进价值观的内化。理论与实践相结合，一是有助于提高学生对思想政治知识的理解和掌握。二是增强学生的应用能力和创新能力，提高学生的综合素质。三是培养学生的责任感和使命感，提高学生的爱国主义和民族意识。四是加强学生的团队精神和人际交往能力，促进他们的全面发展。

6. 加强监督评价，确保课程思政教育顺利实施，促进教育健康有序发展。通过监督和评估，可以确保教育内容和方法符合目标和要求，并确保学生全面了解正确的价值观和意识形态，为教育的进一步改进和发展提供宝贵的反馈。

三、“概率论与数理统计”课程思政教育的建设路径

从统计学专业的角度出发，“概率论与数理统计”的课程思政教育建设可以体现在以下几个方面。

（一）学科背景的引导

“概率论与数理统计”作为公共基础课的重要组成部分，可以帮助学生理解统计学的基本概念和原理，掌握统计学的基本方法和工具，学习如何进行统计分析和解释统计结果，学习如何利用统计学解决实际问题，了解统计学在其他领域的应用等。

（二）不确定性的认识

在统计学中，不确定性是指从数据分析中获得的结果缺乏确定性或准确性。要理解统计学中的不确定性，必须对概率和随机抽样有很好的理解。此

外，对统计方法和技术的基本理解，如置信区间和假设检验，可以帮助学生理解和量化统计推断中的不确定性。了解任何统计分析中固有的局限性和假设，以及潜在的误差和偏差来源也很重要。通过了解这些因素，学生可以作出明智的决定，并以批判性的眼光解释统计结果。

（三）数据分析的能力

数据分析能力是指从大量数据中提取有价值信息，进行有效分析，并作出正确决策的能力，包括数据收集、数据清洗、数据分析、统计推断等方面的技能，能帮助学生通过对数据进行深入探究和分析，从而获得更好的决策基础和更科学的解决问题的方案。因此，学习和提高数据分析能力对学生的发展和职业发展都有很大的帮助。

（四）思辨意识的培养

统计学的思辨意识是指在学习和实践统计学过程中，对统计知识的理解程度、态度和方法的敏锐性。这种意识是通过对统计学原理、方法、工具和数据的深刻理解、分析和评价来形成的。它能帮助学生在数据分析、决策和解决实际问题时具有独立思考、科学判断和严谨证明的能力。在“概率论与数理统计”课程教学中，我们要充分利用学科的这一优势和特色，把思辨的基调和风格熔炼在教学始终，挖掘和创新辩证性问题题材，创设情境用以激发学生的学习和研讨兴致。

四、“概率论与数理统计”课程思政教育的建设措施

在探讨完“概率论与数理统计”课程思政教育的建设路径之后，我们进一步研究其建设措施。具体地，可以从以下几个方面入手。

（一）明确课程的基本定位

“概率论与数理统计”课程是数学、统计学和计算机科学的重要组成部分，主要关注数据的概率分布、统计推断、数学建模等方面的研究。作为数学的一个分支，该课程具有很强的理论性，并广泛应用于工业、商业、医学、生物学等多个领域。因此，可以适当提高“概率论与数理统计”的学分，从2学分变为3学分，继续面对非数学、统计学专业的全校其他所有专业开设，开设学期为第三学期，先修课程为高等数学、线性代数。从定位上来讲，“概率论与数理统计”课程通常是数学、统计学和计算机科学专业的重要组成部分，也是工程师、科学家、经济学家等职业人员的必修课程。

（二）细化课程的目标要求

课程目标是指一门课程的教学意图和最终实现的目的。它是课程的核心

内容，代表着课程教学的最终目的和价值。通常用简洁明了的语言表述，反映出课程的教学内容、教学方法和学生的最终收获。一般主要包括四个方面：知识目标，课程所教授的相关知识和技能；技能目标，课程所要求学生掌握的实际技能；态度目标，课程对学生的态度和价值观的影响；能力目标，课程对学生的综合能力的提高。

"概率论与数理统计"课程的具体目标可能因不同学校和教师的教学方式而有所差别，但具体要求通常可以概括为：（1）掌握概率论的基本概念和方法，了解概率分布、独立性、随机变量、期望等的定义和性质。（2）掌握数理统计的基本方法，了解抽样分布、统计推断、回归分析、分类分析等的原理和应用。（3）掌握利用数学建模的方法，结合实际问题对数据进行分析和预测。（4）掌握常用的计算机软件，包括 R、SAS、SPSS 等，进行数据分析和模拟。（5）了解概率论与数理统计的发展历史，认识大数据时代下的数据特征。（6）学生养成科学研究的态度，具有一定的国际交流水平，自主学习和应用的能力。

（三）理论实践的有机结合

课程思政与理论实践是相互关联的，它们共同构成了课程的整体。课程思政所倡导的思想、信仰和价值观，是课程的精神内核，指导课程的发展方向。它可以影响课程的教学内容、教学方式、教学目标等。而理论实践则是课程实际教学活动中理论知识和实践技能相结合的过程，是课程思政的具体体现。通过理论实践，学生不仅能够更好地理解和掌握知识，还能提高实际应用能力。因此，课程思政与理论实践共同决定了课程的教学质量和效果。

针对"概率论与数理统计"课程思政的理论与实践环节，可以根据课程的实际情况具体设置，一般包括以下内容：（1）关于科学精神的讲解。强调科学的客观性、公正性、可靠性等原则，培养学生良好的科学素养。（2）关于统计学科的历史沿革。通过对统计学科的发展历史的介绍，增强学生对统计学科的了解和尊重。（3）关于社会科学研究的重要性。通过对社会科学研究的价值和意义的讲解，培养学生关心社会现实，关注社会问题。（4）关于数据分析的实际应用。通过实际案例的分析，展示数据分析的实际应用，提高学生对统计学科的兴趣和实际应用能力。

（四）思政元素的合理切入

课程思政并不是简单地在专业课堂上讲思政，也不是生硬地将思政题材穿插于课程内容中，而是要在课程教学中体现思政，在专业知识的传授过程中表达思政，在课内外实践锻炼中理解思政。具体来说，就是将课程思政元素从多个方面融入课程讲授，比如将国家和民族的历史、文化、价值观等相关内容融入课程教学内容。引导学生对社会热点问题进行思考和分析，培养公民意识。通过教学内容和课程实践活动来体现道德价值观，培养学生的道德修养。引导学生探究社会问题的原因和影响，培养学生的判断能力和创新能力。

在“概率论与数理统计”的课程建设中，一些较为典型案例包括：（1）介绍统计学发展史，讲述统计学名家茆诗松教授等人物的生平，引导学生在统计调查过程中实事求是、严谨求真，培养耐心细致的工作作风和严肃认真的科学精神。（2）结合历史事件解读国庆阅兵视频数据、党员人数百年发展动态数据图和国家经济发展水平指标数据图，见证党的百年发展壮大历史，激发学生爱党爱国的真挚感情和为国家富强、民族复兴而努力奋斗的决心。

（五）课程资源的建设完善

这里提到的课程资源是指教材、辅导、数据、案例、课件等可以配合课程开展的有效辅助渠道，有些是课堂上需要用到的，有些是课外拓展延伸的。无论是纸质材料，还是电子影像资料，首先，需要定期评估课程资源的有效性，并及时修改、补充。其次，利用网络技术和多媒体资源，丰富课程资源。与此同时，探索和推广创新的课程教学模式，吸收优秀的教学经验和方法。最后，通过网络平台和教学管理系统，促进课程资源的共享，提高课程教学效率。

在课程建设过程中，我们对教材的选用，应当结合学生的客观实际在难度上有所把握，教材应注重概念的讲解、实例的分析，以及习题的辅助，做到让学生学有所得。除此之外，教师有必要给学生补充一些额外的习题，围绕知识点有重点地去帮助学生理解书本上的概念。课堂内容除了专业知识点之外，可以介绍相关的知识背景，介绍统计学家的生平，以及在他们遇到困难时是如何解决问题的。学生可以通过这些历史故事，了解学科的文化发展和历史传承，帮助他们丰富学术内涵、充实专业素养、培育科学情操。课堂上讲授的内容可以以视频的形式存储下来，通过后期剪辑配以相关文字二次创作，使教学内容更加生动化、形象化，并通过网络的形式进行分享。此外，在课件中涉及的一些分析实例，可以提供相应的实际数据或者网站链接，引导学生自主尝试处理和分析。

五、结语

本文探讨了"概率论与数理统计"课程思政的建设方案，通过对其建设路径和措施的梳理，以求达到专业水平过硬、道德素养过硬的成效。希望本文中提出的一些观点和想法，与相关研究能起到互通互补的作用，在推进课程思政教育的大时代下启发更多的教育理念与实践创新。

参考文献

[1] 周隽，凌卫平．概率论与数理统计课程思政教学设计与探讨［J］．现代商贸工业，2023，44（3）：208－210.

[2] 尚云艳．创新教育下概率论与数理统计课程教学改革研究［J］．新课程研究，2021（21）：26－27.

[3] 毕强．将课程思政理念融入"概率论与数理统计"课程教学的探索与实践［J］．湖北开放职业学院学报，2022，35（24）：89－91.

[4] 尹海燕，崔海波．新时代、新工科、新文科背景下的"概率论与数理统计"教学［J］．教育教学论坛，2022（40）：74－77.

[5] 孙建安．思政理念下的概率论与数理统计教学探讨［J］．潍坊学院学报，2022，22（2）：105－106.

[6] 马芳芳，李涵．概率论与数理统计课程思政教学改革研究［J］．教育信息化论坛，2022（3）：111－113.

[7] 聂铭玮，江志超，赵艳．课程思政理念下的概率论与数理统计教学实践研究［J］．北华航天工业学院学报，2021，31（5）：27－29.

[8] 赵秀兰，刘洁，马红娟，等．运用案例教学法促进思政教育融入概率论与数理统计课［J］．河南农业，2020（30）：23－24.

基于课程思政为导向的数据科学素养
——以随机过程的基本概念为例

钱有程[①]

一、引言

课程思政是当前中国高校教育的一种重要趋势，它旨在将思想政治教育与专业教育相结合，以培养既有优秀专业技能又具备高度思想政治素养的人才。课程思政的目标是通过教育培养学生的创新思维、伦理道德、国家意识、社会责任感和可持续发展意识等综合素质。因此，课程思政的实施不仅要注重专业技能的培养，还要注重思想政治教育的融入和引领。

党的十八大以来，习近平总书记在多次重要专题会议上强调高校需要将立德树人融入教育的各个环节，包括“使各类课程与思想政治理论课同向同行”。同时，随着大数据时代的到来，企业和社会对于数据科学人才的需求也越来越迫切。为了加强数据科学人才培养，国务院在 2015 年印发《促进大数据发展行动纲要》，提出需要创新人才培养模式，建立多层次、多类型的大数据人才培养体系，大力培养具有多学科知识的跨界复合型人才。

基于数据科学的课程思政是将数据科学的方法与思想融入课程思政的教学中，旨在帮助学生更好地理解和应用数据科学的基本概念和方法，同时提高其思想道德素养和社会责任感。数据科学的课程思政研究目前主要集中在计算机学科教育的课程思政建设以培养信息化人才，大数据专业核心课程的思政教学研究，这体现在数据科学的课程思政建设的研究模式中。

同时，基于课程思政的随机过程研究也存在很多现实意义的案例和问题。一些研究开始探索如何通过教学方法来融入课程思政元素，以促进学生对随机过程基本概念的理解和应用。这些研究主要集中随机过程中概念的教学中的课程思政探索，而针对随机过程在数据科学中的应用讨论基于课程思政的

① 钱有程（1985— ），吉林，博士，讲师，主要从事机器学习、数据挖掘方法和应用研究。

数据科学素养是一个相对新的研究内容，目前相关的研究较少。

事实上，基于课程思政的随机过程中的数据科学分析素养需要具备数据采集和预处理素养、数据分析和建模素养、数据可视化素养和伦理素养等方面的技能和知识，以保证数据分析的科学性、合理性和伦理性。同时，还需要具备创新意识和实践能力，不断更新自己的技能和知识，以适应不断变化的数据科学领域。

二、建立基于课程思政的数据科学素养教育模式的必要性

课程思政和数据科学都具有跨学科的特点，需要将不同学科的知识和思想进行整合和交叉。数据科学需要涵盖数学、计算机科学、统计学、物理学等多个学科的知识，而课程思政需要涵盖政治、哲学、历史、文化等多个学科的知识。将这两个方面的知识进行融合和交叉，可以帮助学生形成更加综合和全面的思维方式。

数据科学素养强调创新思维，需要学生具备发现问题、提出假设、设计实验和解决问题的能力。课程思政也强调创新思维，需要学生具备创新意识和创新精神。将数据科学和课程思政进行结合，可以帮助学生培养创新思维，不断探索和创造新的知识和价值。数据科学素养需要学生具备数据分析、模型构建和解决实际问题的能力，而课程思政需要学生具备理论知识的应用和实践能力。基于课程思政的数据科学素养，可以帮助学生将理论知识与实际应用相结合，提高实践和应用能力，为学生提供更全面、更深入的教育。这样的结合可以培养学生的综合素质，帮助他们在未来的学习和工作中具备更加优秀的能力和竞争力。在当今信息化的社会中，数据科学素养具有极其重要的意义，具体表现在以下几个方面。

（一）数据分析伦理素养

我们在进行数据分析时，遵循的一些道德准则和行为规范。在进行数据科学研究和应用中，经常需要处理大量的个人信息。同时，数据科学也涉及人们的健康信息、财务信息、信用评分等重要数据。这些数据的管理和使用必须遵循道德和法律规定，保护个人的隐私和权益，确保数据的准确性和完整性。数据的收集、存储、处理和分享必须遵循相关法律法规，并得到数据主人的明确许可。在处理数据的过程中，数据科学家需要采取必要的安全措施，以避免数据泄露和滥用。

在进行数据科学研究和应用时，必须确保数据的准确性和完整性。数据分析时需要采用科学严谨的方法和技术，避免因数据错误或者不完整引发的误导性结论。同时，在数据分析的过程中，需要注重数据质量的评估，识别和处理异常数据。

在进行数据科学研究和应用时，还强调数据公正和公平。在研究和应用中避免个人主观偏见和不公平的行为，确保其开发的算法不会歧视任何群体，而且应该针对各个群体的需求和特点开发出更加公平和有效的算法。

数据科学伦理素养还要求数据的透明度和可解释性。在数据科学研究和应用中，数据科学家需要遵循数据透明度的原则，确保数据收集、处理和分享的过程公开透明。同时，需要使用易于理解和可解释的方法，以便其他人能够理解和评估数据科学的结果。在进行数据科学研究和应用时，应该关注自身的社会责任和可持续性，积极参与社会公益活动，并促进数据科学的可持续发展。

（二）有助于学生爱国情怀的形成

学生的爱国情怀是指在进行数据科学研究和应用时秉持着对祖国和人民的热爱，从而为国家和人民的发展作出贡献。在进行数据科学研究和应用时，学生可以更加深入地了解国家、社会、人民群众的实际情况，进而树立远大理想，产生强烈的爱国情怀。例如，通过对国家的经济、环境、社会等问题进行数据分析，学生可以更加深刻地认识到国家的发展和未来面临的挑战，进而激发爱国热情，为国家发展作出贡献。

学生的爱国情怀还体现在国家创新能力的提升方面。数据科学在各个领域中开展研究和应用，不仅能够解决国内外重大技术问题，还能提高国家的自主创新能力。例如，利用数据科学技术，可以分析社会经济数据，帮助政府作出科学决策，为国家的经济发展提供有力支持；利用数据科学技术，可以分析生物医学数据，帮助医生作出更为精确的诊断，提高我国医疗水平。

（三）有助于学习兴趣的提升，强化抽象知识的理解和记忆

课程思政能够为学生提供新颖的知识和思维方式。在课程思政的教育过程中，学生不仅可以学习到学科知识，还能接触到新颖的思想和人文精神，这些内容能够引起学生的好奇心和兴趣，从而激发学生学习的热情和兴趣。通过思辨和创新，学生能够更好地理解和掌握学科知识，提高学习的效果，从而增强学习的兴趣和热情。学生需要通过思考和分析来理解学科知识和思想内容，并且需要在学习中体现出正确的态度和价值观。正确的学习态度和

价值观能够激发学生的学习热情和兴趣，从而提高学习效果和成就感。通过课程思政的教育方式，通过引导学生深入探究数据科学背后的思想和方法，如数据可视化、机器学习等，可以帮助学生更好地理解和记忆这些抽象的概念和理论。此外，课程思政也注重启发学生的直觉和想象力，从而使他们更好地理解和记忆抽象知识。

（四）有助于学生工匠精神的培养

2016年政府工作报告提出“要鼓励企业开展个性化定制、柔性化生产，培育精益求精的工匠精神”，此后工匠精神成为中国制造的核心精神内涵被广为宣传。在进行数据科学研究和应用时，每一步都至关重要，一旦出现偏差，就可能导致结果不准确。因此，需要保证数据的准确性和可靠性，从而保证整个分析过程的正确性，这不仅要具备高超的技术能力，还要具备强烈的责任感，从而确保数据的完整性和准确性。数据科学是一个不断发展和变化的领域，新技术和工具不断涌现。因此，需要不断学习和探索最新的技术和工具，以保持自己的竞争力和领先优势；还需要关注业内的最佳实践和标准，以确保自己的工作符合最高的行业标准。

三、数据科学应用中的随机过程概念的课程思政元素

（一）概率空间教学的课程思政元素

概率空间是指一个由三个元素组成的数学结构，包括一个样本空间、一个事件代数和一个概率测度。贝叶斯优化是一种基于概率空间的超参数优化方法，它利用概率空间中的先验分布和后验分布等概念，对模型参数进行建模和优化。在贝叶斯优化中，先验分布代表模型参数的初始分布，后验分布代表模型参数的更新分布，概率测度代表模型参数的不确定性程度。在研究概率空间的课程中，可以融入以下课程思想政元素：

1. 尊重事实、科学求实。贝叶斯优化通过不断地探索参数空间并使用贝叶斯推断来更新目标函数的后验分布，实现了对实际数据的尊重和求实。

2. 调和共处、求同存异。在贝叶斯优化中，高斯过程模型和目标函数之间的关系是通过先验分布和后验分布建立的，这体现了不同因素的调和共处和求同存异的思想。

（二）平稳过程教学的课程思政元素

随机过程中的平稳过程是指其统计性质在时间平移下的不变性。自回归模型中的平稳过程指的是时间序列的均值、方差和自协方差都不随时间变化

而变化。在研究平稳过程的课程中，可以融入以下课程思想政元素：

1. 可靠性与稳定性的思想。平稳过程是时间序列的一个重要特征，它可以保证模型的可靠性和稳定性。在自回归模型中，平稳过程的假设可以使模型更加准确地预测未来的值，同时也可以提高模型的鲁棒性和可靠性。

2. 数据探索与模型诊断的思想。在自回归模型中，我们需要对数据进行探索和分析，找到数据中的规律和趋势。同时，在构建模型时，我们也需要对模型进行诊断，确保模型符合平稳过程的假设。这涉及数据探索和模型诊断的思想，即通过多种方法来验证模型的可靠性和稳定性。

3. 适应性与反馈的思想。自回归模型可以通过不断地更新历史数据和模型参数来提高预测的准确性，这涉及适应性和反馈的思想。适应性可以使模型更好地适应新的数据，而反馈则可以帮助我们不断地调整和改进模型。

（三）独立增量过程教学的课程思政元素

独立增量过程的主要特点是任意两个时间点之间的增量是独立的。随机森林是机器学习中的一种集成学习算法，其中独立增量过程是随机森林中重要的基本假设之一。独立增量过程假设要求随机森林中的每个决策树都应该基于相同的数据集和特征集进行训练，且各个决策树之间是独立的。在研究独立增量过程的课程中，可以融入如下课程思想政元素：

1. 人文关怀。随机森林的优越性能得益于独立增量过程的假设，它不但提高了预测准确性，还减小了模型的方差。然而，在实践应用中，由于数据的质量、样本的数量等因素的不同，独立增量过程的假设并不总是成立。在使用随机森林算法时，需要根据实际情况对数据集和特征集进行筛选和处理，注重人文关怀，避免不良影响。

2. 诚信与公正。随机森林算法在训练决策树时采用了随机采样的方式，避免了单个决策树对数据的过拟合现象。在随机森林算法的研究和应用中，需要注重诚信和公正，遵循科学的原则和方法，保证算法的透明性和可解释性，避免产生误导和不公正的结论。

（四）Poisson 过程教学的课程思政元素

Poisson 过程描述了在一段时间内某事件发生的次数的分布情况。Poisson 过程可以用于建模强化学习问题中的奖励信号，特别是在连续时间问题中。在这种应用中，Poisson 过程可以用来描述奖励信号在时间上的分布，从而让强化学习算法能够更好地适应连续时间的问题。在研究 Poisson 过程的课程中，可以融入如下课程思想政元素：

1. 强调正向心态。Poisson 过程中随机事件的发生是不可预测的，但是我们可以通过积极的心态应对这些不确定性。学生可以从中感受到“积极乐观”的思想，教师可以引导学生树立正确的心态，勇敢面对困难和挑战。

2. 社会责任。在使用强化学习算法时，需要考虑算法对社会和人类的影响。Poisson 过程的应用可以帮助我们建立合理的奖励信号，从而避免出现对社会和人类有害的行为。

3. 公平。在强化学习中，Poisson 过程的应用也与公平有关。通过对奖励信号的建模，可以避免出现不公平的情况，例如对某些群体或个体的歧视。这有助于保证算法的公正性和可信度。

（五）Markov 过程教学的课程思政元素

Markov 过程是概率论和随机过程中的一个重要概念，它具有“无记忆性”，即未来的状态只与当前状态有关，与过去状态无关。PageRank 算法是一种基于马尔可夫链的网页排序算法，用于评估互联网上网页的重要性。PageRank 算法在搜索引擎、社交网络分析等领域有广泛应用。在研究 Markov 过程的课程中，可以融入如下课程思想政元素：

1. 公平性和透明度。PageRank 算法通过考虑网页之间的链接关系，计算出每个网页的重要性。这种基于链接关系的排序方式具有公平性和透明度的特点，不会受到人工干预的影响，能够客观公正地评估每个网页的重要性。

2. 去中心化和多样性。PageRank 算法不依赖于任何中心化的机构或组织，其评估结果也具有多样性，能够反映网页间的复杂关系。这种去中心化和多样性的特点与社会主义核心价值观中倡导的开放包容、和谐共生的理念相符。

（六）鞅教学的课程思政元素

鞅是概率论和随机过程中的一个重要概念，它表示一类具有“平衡”性质的随机过程，即整个过程的期望值在时间推移中保持不变。在生成模型中，鞅被用来评估模型的性能。例如，在生成对抗网络（Generative Adversarial Network，GAN）中，鞅被用来监测生成器和判别器之间的平衡。在研究鞅的课程中，可以引导学生在学习中培养诚信和正直的精神，学会正确处理事情，不断提高自己的道德素质。

（七）布朗运动教学的课程思政元素

布朗运动是描述布朗颗粒在液体中运动的模型，具有无记忆性和连续性等特点。在研究布朗运动的课程中，可以融入如下课程思政元素：

1. 培养对科学探索的兴趣。布朗运动是由英国植物学家布朗发现的，后经爱因斯坦等科学家的研究和发展，成为现代统计物理学的基础。教师可以引导学生对科学探索和发现的兴趣，激发他们学习自然科学的热情和动力。

2. 创新精神。随机梯度下降是一种常用的优化方法，但是当遇到局部最小值时容易陷入困境。布朗运动被用来模拟噪声，以帮助模型逃离局部最小值。学生需要具备创新精神，探索如何将布朗运动应用于优化算法，提出创新的解决方案。

四、结语

课程思政作为联系思政课和专业课的桥梁，将思政教育与专业知识相结合，既能够强化学生的思想道德教育，又能够提升学生的专业能力，可以使学生更好地理解和应用所学知识，提高他们的综合素质和实践能力。在随机教学的过程中，课程思政可以帮助学生更好地理解和应用随机过程的基本概念，通过教学方法的引导和实践，学生可以了解数据科学的基本知识和方法，掌握数据分析的基本技能和方法，培养数据科学素养和创新能力，这样不仅可以增强学生的创新能力，也有助于促进学生的全面发展。

参考文献

[1] 新华社．中共中央关于制定国民经济和社会发展第十四个五年规划和二〇三五年远景目标的建议［N］．人民日报，2020－11－04（1）．

[2] 新华社．习近平在全国高校思想政治工作会议强调：把思想政治工作贯穿教育教学全过程　开创我国高等教育事业发展新局面［N］．人民日报，2016－12－09（1）．

[3] 国务院．促进大数据发展行动纲要［N］．中国政府网，2015－08－31.

[4] 曹立群，刘德阳．计算机学科教育中的课程思政建设探究——以数据科学与大数据技术专业为例［J］．电脑知识与技术，2022，18（22）：115－117.

[5] 于亚新，丁义浩．以课程思政重塑大数据与智能时代的数据科学思维体系［J］．中国高等教育，2020（8）：9－11.

[6] 张晖，张鹏，杨学南．《大数据技术概论》课程思政建设思考与实践［J］．电脑知识与技术，2022，18（10）：173－174.

[7] 武兴睿．基于课程思政为导向的大数据专业核心课程建设研究 [J]．产业与科技论坛，2022，21 (22)：146 – 147.

[8] 丁博．浅谈概率论与随机过程课程中的课程思政教育 [J]．现代职业教育，2022 (6)：115 – 117.

[9] 刘秀芹，赵金玲，李娜．随机过程课程思政元素融入案例初探 [J]．大学数学，2020，36 (5)：28 – 32.

[10] 董迎辉，梁雪．浅谈《随机过程》教学中的课程思政 [J]．教育进展，2022，12 (2)：448 – 452.

[11] AI 研习社 – 译站．随机过程在数据科学和深度学习中有哪些应用? [EB/OL]．雷锋网，2019 – 08 – 19，https：//www.leiphone.com/category/ai/XSG6GCz09NwyLzmf.html.

[12] 中央政府门户网站．政府工作报告 [EB/OL]．中国政府网，2016 – 03 – 05.

“统计学”课程思政教学探索与实践

王　荐[①]

一、前言

著名经济学家马寅初先生说过：“学者不能离开统计而研究，政治家不能离开统计而施政，企业家不能离开统计而执业。”统计是无处不在的，统计作为人类社会实践活动已经有几千年的历史。人类认识和改造自然伊始，统计的思想就开始发芽生长，在海量统计资料的基础上，人类逐渐发现统计规律，形成如今的统计学。统计学是一门方法论学科，以数据作为研究对象，研究如何收集、整理、展示和分析数据，并用统计方法探究数据背后隐藏的规律，从而为科学决策提供依据，在当今社会中发挥了非常重要的作用，自然科学研究和社会科学研究都离不开统计学的参与。在高校课程设置中，统计学作为非常重要的基础公共课，能够有效培养学生的抽象思维和逻辑推理能力，让学生掌握处理特定行业数据问题的能力。

高校课程思政工作成为全面提升人才培养能力的着手点。习近平总书记在 2016 年全国高校思想政治工作会议上提出要坚持把立德树人作为中心环节，把思想政治工作贯穿教育教学全过程，实现全程育人、全方位育人，努力开创我国高等教育事业发展新局面。为全面落实立德树人的根本任务，使统计学课程教育和思政课程教育相统一，需要在统计学课程教学中厘清现有统计学课程思政中存在的问题，并在此基础上改进授课方式和授课内容，在教学过程中以润物细无声的方式提高学生知识水平的同时，帮助学生塑造正确的世界观、人生观和价值观。

---

① 王荐（1991—　），男，山东枣庄，博士，讲师，主要从事宏观经济统计分析、能源经济、预测理论与方法等研究。

二、“统计学”课程思政建设的重要意义

2020年5月28日，教育部颁布了《高等教育课堂思政建设工作指引大纲》，提出把思想政治教育贯穿人才培养体系，全面推进高校课程思政建设，发挥好每门课程的育人作用，提高高校人才培养质量。要求每一位高校教师参与进来，承担好育人责任，构建全员、全程、全方位育人格局。

统计学源自人类对自然的探索，立足于社会的需求，服务于国家的发展，其重要性不言而喻。统计学主要分为描述统计和推断统计两个部分，在教学过程中非常明显地捕捉到学生在学习描述统计和推断统计两个部分的学习状态的差异，描述统计部分知识点密集，需要理解记忆的内容偏多，推断统计部分需要学生具有良好的抽象思维和逻辑推理能力，因此学生在学习统计学课程时普遍存在积极性不高，甚至存在畏惧心理。除统计学课程本身难度比较大之外，现有教学方式也存在比较明显的缺点，教学主要以知识灌输为主，缺乏理论与实际的联系，导致学生的学习兴趣进一步降低。因此，需要对课程教学进行深层次的剖析，在课程教学中将思政元素融入课堂，让学生不仅知道学什么和怎么学，更要知道为什么学，通过引导学生了解国情民情，增强学生对党的创新理论的认同，坚定“四个自信”，激发学生对学习统计学的兴趣，提高学生的学习热情，这也是统计学思政教学的目标。

三、“统计学”课程思政教学中存在的问题

（一）思政教学理论体系不完善

高校统计学教学经过长期摸索，已经形成比较完善的教学体系，拥有比较成熟高效的教学团队、较为明确的教学目标、高质量的教材、相对完善的教学资料以及规范的评价体系。但是现有的教学体系注重“学什么”和“怎么学”，注重统计知识传授、统计素养的形成以及统计思维的培养，对于“为什么学”的内容基本不涉及，“为什么学”从本质上讲是培养学生的政治认同感和社会责任感，对提高学生的自主学习意识至关重要，因此现有的教学体系已经不能满足当今育人的需求。落实立德树人根本任务，要求高校课程将价值观引导于知识传授和能力培养中，从多个维度完善现有的思政教学理论体系，包括课程思政工作体系、教学体系、内容体系和评价体系。

（二）教师思政教学能力不足

教师队伍是落实立德树人根本任务的主力军。在统计学教学过程中，专

任教师对统计学基本知识点掌握十分熟悉，能够做到信手拈来、融会贯通，对于统计学中的重点、难点问题也能够通过各种方法清晰地展示给学生。但是专任教师普遍认为思政内容的讲解和思政元素的挖掘是思政课教师的责任，并不会在课程思政上下功夫，导致课程思政和专业知识的讲解的割裂感，这也降低了学生学习统计学的积极性。虽然统计学本身蕴含了很多思政元素，比如统计学蕴含着辩证思想、实事求是的思想等，但是统计学专任教师缺乏主动挖掘思政元素的热情，课程思政教学能力不足。

（三）思政元素挖掘不系统

随着智能化时代的来临，数据渗透到社会的各个角落，统计学在当今社会发展中起到越来越重要的作用，统计学与现实社会的联系也越来越密切，因此统计学中蕴含的思政元素也越来越丰富。但是任课教师对于思政元素挖掘的热情并不高，即便是已经认识到统计学思政教学的重要性，依旧是以完成任务的心态完成课程思政教学，思政元素和课程内容存在"两张皮"的问题。为切实实现立德树人的根本目标，专任教师需要对统计学中的思政元素进行系统挖掘，使思政元素和课程教学真正融合，实现高等学校人才培养中育人和育才的有效统一。

四、"统计学"课程思政教学的突破路径

（一）完善思政理论体系

统计学课程思政教学目标的实现需要长期的教学体系的改革，这就需要将思政要素和统计学课程内容深度融合，从教师、教学目标、教材、教学资料以及评价体系等维度进行深层次的改革，不断完善统计学课程思政理论体系。首先，要提高教师思政教学的意识，通过教学讨论等形式丰富课程思政教学的方式方法，解决好专业教育和思政教育"两张皮"问题；其次，更加明确教学目标，以育人为导向，在提高学生学习统计学的主动性的同时，能够增长见识，塑造品格；再次，丰富教材中的思政元素，现有教材以理论知识的讲解为主，可以通过对思政元素的不断挖掘，丰富教材内容；又次，进一步完善教学资料，丰富教学内容，在授课中涉及更多思政案例；最后，完善评价体系，课程思政效果的评价主要考查学生学习兴趣是否提高，课程内容掌握情况是否有提升。统计学课程思政理论体系的完善是一个长期的过程，需要不断在各个维度进行完善，丰富统计学课程思政理论体系。

（二）提升教师思政教学能力

统计学课程思政教学水平的高低是由教师思政意识和思政能力共同决定

的。为了使专任教师树立牢固的育人意识，增强思政意识和思政能力，可以从4个方面进行加强：第一，对教师进行思政教学培训，绝大多数专任教师对思政教学是比较陌生的，可以邀请比较有经验的思政教学专家对教师进行培训，使教师初步掌握思政教学的技巧；第二，加强和马克思主义学院教师的交流，特别是加强专任教师和思政教师的交流，增强专任教师对马克思主义政治经济学、中国特色社会主义基本理论以及中国共产党党史等方面知识的了解，有助于教师对于思政元素的系统挖掘；第三，增强专任教师间的思政教学交流，不定期组织思政教学研讨会，将优秀的思政教学经验进行分享，系统挖掘思政教学元素，最终形成比较系统的、适合本学校教学目标的思政教学方案；第四，高校可以组织思政教学大赛，以赛促教、以赛促学、以赛促改和以赛促练，通过比赛了解自身在思政教学中存在的问题，查缺补漏，最终实现教师思政教学能力的提升。

专任教师在教学过程中也应该全方位、多层次、立体化地进行思政元素的融合，包括课前思政教学方案的设计、课中思政教学的方式方法和课后思政教学的总结。课前，专任教师需要系统地挖掘思政元素，并将思政元素和课程内容有效融合，形成有逻辑的链条，避免生搬硬套，切勿使学生产生负面情绪；课中，专任教师将准备好的思政元素或者思政案例生动展示给学生，让学生知道学习统计学的目的，明确“为什么学”，提高学生学习统计学相关知识的热情；课后，专任教师需要根据学生的课堂和课后反馈，及时总结上一节课中思政教学的优缺点，并再次将相关知识点和感悟推送给学生。提高专任教师思政教学能力也是一个长期的过程，需要教育部门、高校和专任教师共同努力。

（三）系统挖掘思政元素

思政元素的系统挖掘是解决专业教学和思政教育“两张皮”问题的前提。思政元素的挖掘需要在系统整理课程脉络的基础上，融入中国共产党的创新理论、中华优良传统文化、宪法法治和时事政治等内容，使课程教学更加饱满，提高学生学习的积极性和主动性。

课程思政内容的系统挖掘同样是一个长期的过程，为了使统计学教学过程中思政内容和课程内容融合得更加紧密妥帖，笔者认为需要从以下几个方面进行加强：第一，提高任课教师挖掘思政元素的责任感，任课教师要充分认识到自己是思政教学的“主力军”，肩负着育人和育才的重任，要在授课过程中积极挖掘思政元素，平时能够做到多读红色专著、多了解时事政治、多关心最新的政策文件、多探索党史故事，并及时将思政元素融入课程中；第二，课程组定期组织思政元素融合讨论会，每一个专任教师的精力都是有限的，为了更系统地挖掘思政元素，需要团队的力量，因此需要定期组织各位专任教师分享自己挖掘到的思政元素，并探讨思政元素的融入方式，确保思政元素在教学过程中具有比较明显的逻辑链条，使思政元素不仅仅是停留在教案中、课件中和课堂中，更是进入学生的头脑中，增强学生对党的创新理论的认同，提高学习的主动性；第三，加强与思政课专任教师的沟通，确保思政元素无错误和无偏差，思政元素是课程思政教学的关键，思政元素的准确理解对于课程思政教学至关重要，统计学专任教师对于课程知识点的掌握信手拈来，但是对于思政元素的把握不一定非常准确，因此非常有必要加强与思政专任教师的沟通，确保学生接触到的思政元素都是准确无偏差的；第四，构建思政元素交流共享的平台，思政元素的挖掘是一个非常庞大的系统工程，单靠某个专任教师或某个课程组是远远无法实现的，需要依靠全国各个高等院校的统计学课题组共同的努力，充分挖掘思政元素，使课程内容和思政元素能够非常有效地融合。

（四）创新教学评价标准

教学评价是衡量教学成果的必要环节，传统的教学评价从多个维度衡量教学效果，主要包括教师授课方式是否科学有效、授课过程是否存在违规违纪、教师是否按时批改作业以及课后答疑是否及时等维度，并没有针对课程思政教学进行评估，已经不符合现有的人才培育体系，因此有必要将课程思政教学纳入教学评价体系。课程思政教学评价不仅是一种课程评价标准，更是一种教学理念，是传统教学评价标准的有效补充。

课程思政教学评价的落脚点是学生的学习效果。课程思政教学评价也是从多个视角对思政教学结果进行评估，主要包括师德师风、课前思政评估、课中思政评估和课后思政评估。师德师风是评价教师第一标准，是课程思政教学评价的最核心的指标，主要包括“师德”和“师风”两个部分，“师德”是指专任教师职业道德，包括教师和社会其他人之间的关系是否符合道德规范，“师风”是指专任教师职业行为，主要考察教师在教学、科研和社会服务等方面是否符合行为规范。课前思政评估是对专任教师的备课内容进行评估，包括课程课件、案例及讲稿等材料中思政元素挖掘是否系统，思政元素和课程内容融合是否妥当。课中思政评估主要考察专任教师上课内容和备课内容是否一致，课程讲解过程中对于思政元素的把握是否到位以及学生的接受程度如何。课后思政评估主要考察专任教师对于在学生答疑等过程中，是否能够引导学生积极向上，真正做到育人和育才的结合。

五、结语

课程思政不仅是一种教学方式，更是一种教学理念，对于落实立德树人的根本任务至关重要，也是实现育人和育才相统一的有效路径。统计学是高校设置的非常重要的基础公共课，对于统计学课程思政教学的建设是一个非常系统的工作，需要长期坚持。统计学课程思政建设需要厘清课程思政教学中存在的问题，包括理论体系不完善、教师思政教学能力不足以及思政元素挖掘不系统等问题，同时针对存在的问题提出有效的突破路径，切实把马克思主义立场观点方法教育和课程教育结合起来，提高学生认识问题、分析问题和解决问题的能力，激发学生科技报国的家国情怀和使命担当。

参考文献

［1］黄骊．高校师德师风建设路径研究［J］．办公室业务，2023（2）：85－87.

［2］李滢，张亮，宗义湘．统计学课程思政教学改革探究［J］．保定学院学报，2022，35（4）：111－114，136.

［3］石会娟，宗义湘，王俊芹，等．新时代《统计学》课程思政融入教学的探索［J］．湖北开放职业学院学报，2023，36（2）：67－68，72.

［4］童敏慧，熊亚丹，郭伟．课程思政教学评估：必要性、主要内容及实施要点［J］．对外经贸，2023（1）：150－152.

［5］曾慧．统计学一流课程建设探索与实践［J］．统计理论与实践，2022（9）：69－72.

［6］张亚峰．《统计学》课程思政的教学设计与实践［J］．湖北开放职业学院学报，2022，35（22）：148－149，152.

概率统计课程中思政元素的思考与探索

蔡　雄[①]

一、背景和研究意义

党的十八大以来，以习近平同志为核心的党中央提出了教育优先发展的战略方针，将教育提升到“国之大计，党之大计”的重要位置。党的二十大报告进一步强调了要坚持教育优先发展，从“实施科教兴国战略，强化现代化建设人才支撑”的战略高度，对新时代新征程下“办好人民满意的教育”作出了重要部署。党的二十大报告提出：“育人的根本在于立德。”立德树人是我国教育事业的根本任务，更是高等院校的立校之本。习近平总书记多次围绕“立德树人”发表系列讲话，阐述“立德树人”在教育教学过程中的重要性，强调高校要坚持以“立德树人”为中心环节，将思想政治工作引领贯穿教育教学全过程，各类课程要与思想政治理论课程同向同行，产生协同效应，实现全员、全过程、全方位育人。

课程思政是一种先进的教育教学理念，是落实立德树人根本任务的重要举措。高等院校肩负着为党和国家培养德、智、体、美、劳全面发展的社会主义建设者和接班人的使命和任务，是推进课程思政工作建设的先锋阵地。2020 年教育部印发了《高等学校课程思政建设指导纲要》，强调了开展课程思政建设在高校高质量人才培养中的重要作用，明确了高等院校课程思政建设的总体目标和重点内容，要求高校必须抓好课程思政建设，将课程思政工作体系贯通到建设高水平人才培养体系中，解决好专业课程同思政教育有机结合的问题。理学类课程思政强调注重对学生科学思维的训练和科学伦理的教育，将专业课程知识的教育与科学精神的培养相结合，充分挖掘专业课程中的思政元素，培养学生主动探索未知、追求真理、勇攀科学高峰的精神。

---

① 蔡雄（1990—　），男，湖北应城，博士，讲师，主要从事非参数和半参数统计分析，函数型数据分析等研究。

概率统计是高等院校的一门重要基础课，普及面广、关注度高。我国许多高校的理工科专业、经管类专业以及其他应用领域的专业将概率统计设定为学科基本的必修课程。概率统计课程主要包括概率论和数理统计两个部分，概率论是研究自然界中随机现象的统计规律性的学科，数理统计则侧重于探索收集数据和分析数据的方法和原理，旨在以概率论为基础，利用所得到的数据，对研究对象的客观统计规律性作出合理的推断。课程的许多内容来源于现实生活，所建立的理论、原理和方法也服务于社会的发展，具有较强的实践性和应用性。课程中蕴含的演绎推理、辩证思维、分析判断、假说检验等统计思维方法具有丰富的抽象性和逻辑性，其应用范围几乎覆盖了自然科学和社会科学的各个领域，发展出了社会经济统计学、生物统计学、商务统计学、统计物理学等许多具有交叉性质的学科。

概率论与数理统计不仅与其他学科联系紧密，其课程中更蕴含着丰富的思政元素。概率统计通过分析数据来认识事物发展变化的规律，表明自然界中的现象和事物是可知的，这正好符合辩证唯物论中关于物质世界是可知的这一哲学观点。近年来，已有学者开始围绕“课程思政”来探索概率统计课程中的思政教育。深入挖掘概率统计课程中的思政元素，将思政教育润物无声地融入概率统计课程的日常教学中，不仅能够使枯燥、乏味、抽象的理论课程变得生动有趣，提高学生的积极性和学习热情，而且能让学生在掌握专业知识的同时，深刻体会知识点中蕴含的文化和精神。高校教师要充分发挥专业课的育人效果，以课本理论知识为载体，挖掘其中蕴含的思政元素，使概率统计课程和思政课程同向同行，从而培养学生用辩证思维看待问题，勇于探索的科学精神和正确的世界观、人生观、价值观，提高学生的综合素养。本文将从概率统计课程中的知识点出发，详细阐述课程知识点中蕴含的思政元素。

二、概率统计课程中的思政元素探索

概率统计来源于生活，也服务于生活。在概率统计悠久的发展历程中，产生了许多经典的统计分析理论和方法，这些理论、方法与现实生活有着紧密的联系，其中蕴含着丰富的生活哲理。如频率和概率反映了现象和本质的对立统一关系；随机抽样的调查方法蕴含了事物的部分与整体、偶然性与必然性的哲学思想；回归分析方法揭示了事物之间的相互联系和因果关系。教师作为育人的主体，在课堂教学过程中，应巧妙地将课本知识与其蕴含的哲学思想相互融合渗透，并选择典型的育人案例潜移默化地引导学生，对学生进行德育教育，打造全方位育人。下面，我们选取概率统计课程中的部分知识点，详细探究其蕴含的思政元素。

（一）概率统计发展史中的思政元素

概率统计学是一门古老又年轻的学科。早在公元前 2250 年，中国古代就产生了人口统计、社会调查等统计工作。早期的统计以收集、整理、展示数据的描述性统计为主，如大禹根据山川土质，人力和物力的多寡，将全国分为九州；殷周时代对土地和户口进行统计，实行了按人口分地的井田制；春秋时代通过军事调查和比较，根据兵车的多寡来评论诸侯的实力；明初时期编制的用于记录全国户口和全国土地地形图籍的黄册和鱼鳞册，更是具备了现代统计图表的性质。早期的这些统计工作都与国家治理密切相关，在讲授该知识点的同时，将相关历史事迹渗透到课堂教学中，不仅能让学生感受我国历史文化的博大精深，增强文化自信感，更能够让学生体会到所学知识在国家发展中的重要作用，激发学生的学习热情。

概率论起源于 17 世纪数学家对赌博中的偶然（随机）现象问题的研究。17 世纪中期，法国数学家帕斯卡和费马为了解决法国贵族梅尔提出的“分赌注问题”，通过做赌博实验，仔细分析、计算了赌博中可能出现的各种情形，最后提出了数学期望的基本概念，完整地解决了该问题。荷兰数学家惠更斯在帕斯卡与费马研究的基础上，解决了掷骰子赌博中的一些数学问题，并将研究成果写成了专著《论掷骰子游戏中的计算》，这被认为是最早期的概率论的著作。随后，大量的研究者对概率论的各个领域进行了研究，取得了丰富的研究成果，极大地促进了概率论的发展。如瑞士数学家雅可布·贝努利在前人研究的基础上，分析了赌博中的其他问题，给出了“赌徒输光问题”的详尽解法，并证明了概率论中的第一个极限定理——伯努利大数定律；法国数学家棣莫弗和拉普拉斯随后建立了概率论中的第二个极限定理——棣莫弗—拉普拉斯中心极限定理；19 世纪末，俄国数学家马尔可夫、切比雪夫、李雅普诺夫等基于分析方法建立了大数定律和中心极限定理的一般形式。在教学过程中，通过对概率统计发展历史的梳理，可以让学生更深刻地体会到学习这门课程的时代意义。概率统计源于生活，也服务于生活，在课程教学中融入科学家探索新问题，发展新理论的故事，培养学生敢于挑战与创新的拼搏精神，鼓励学生认真学习、刻苦钻研、学以致用。

20 世纪初到第二次世界大战结束是概率统计发展的成熟时期。在这一时期，数学家和统计学家建立和发展了概率统计学科的许多重要的基本观点、方法以及学科分支。如英国统计学家皮尔逊在1900年提出了检验拟合优度的卡方统计量，并证明了其极限分布，这是大样本统计的先驱性工作；英国统计学家戈塞在1908年导出了t分布，创立了小样本检验的理论和方法；费希尔、奈曼、小皮尔逊等统计学家建立了回归分析、多元分析、方差分析以及假设检验的理论和方法；美国数学家维纳在第二次世界大战期间，为解决大炮射击中防空火力的控制和雷达噪声的滤波问题，提出了时间序列分析方法，对整个工程界具有重要的意义。著名概率统计学家潜心钻研专业知识的事迹中蕴含着丰富的思政元素，可以让学生感受到科学家不惧困难、锲而不舍的科学精神，培养学生面对困难不畏惧、不退缩，勇往直前的拼搏精神。

战后时期是概率统计发展的蓬勃时期，概率统计方法已渗透进各大专业的学科领域，形成了许多交叉学科，如生物统计、医学统计、计量经济学等。我国的概率统计发展较晚，主要起于新中国成立后，在这一时期，国内许多著名的数学家为我国概率统计的发展作出了巨大的贡献。例如，许宝騄教授是我国概率论、数理统计的教学与研究工作的开创者，是概率论与数理统计方向具有国际影响力的首位中国数学家。许宝騄教授曾受邀赴国外大学讲学，但心系祖国，谢绝了许多国外著名大学的高薪聘请，毅然回到祖国任教，为祖国培养了一批又一批优秀的教学科研人才。许宝騄教授晚年仍带病坚持工作，直到去世时床边还放着许多没有完成的手稿。许宝騄教授的事迹可以让学生体会到科学家的家国情怀和工匠精神，培养学生乐观向上、自强不息的人生态度和孜孜不倦、不畏艰险的学习精神，鼓励学生努力学习，为国争光。

（二）频率和概率中的思政元素

在自然界和人类社会生活中，存在一类事先无法准确预知其结果的现象，称为随机现象。例如，抛掷一枚硬币，我们无法事先预知会出现正面还是反面。在实际中，人们经常要面对和处理随机现象，比如，明天是否会下雨？某只股票明天是上涨还是下跌？从表面上看，随机现象的结果具有偶然性、不确定性，因此历史上一些唯心主义哲学家认为随机现象无规律可循，并依此推断世界是不可知的。然而，虽然在一次试验中随机现象的结果事先不可预知，但当试验的次数无限多时，其每种可能结果出现的频率总在某一确定的数值附近摆动，这表明随机现象也有其内在固有的量的规律性。统计学家通过研究发现了频率的稳定性规律，并以此推断事件发生的概率是客观存在的，得到了概率的统计定义。

概率是事件发生的可能性大小的度量，一个事件的概率是由事件本身特征所决定的客观存在，就好比一棵大树有它的长度一样。频率的稳定值是概率外在的必然表现，当试验次数足够多时，频率会接近稳定值，因此，频率可用来估计概率，就好比是测定概率的“尺子”。频率和概率反映了现象和本质、偶然和必然的对立统一的哲学思想。频率是随机现象本质的外在表现，具有偶然性。概率是随机现象本质的根本性质，是必然存在的。通过研究频率的性质来看概率的性质，体现了透过现象看本质的马克思主义世界观和方法论。通过对该知识点的讲解，培养学生用科学的思维理性看待问题，不被事物的表象所迷惑，引导学生要善于透过现象抓住问题的本质，掌握问题的根本原理，学习知识的时候更要做到知其然而知其所以然，学会举一反三。

（三）小概率事件中的思政元素

小概率事件是概率统计中的一个重要概念。在概率论中，我们把概率接近 0 的事件称为小概率事件。在统计推断中，我们认为小概率事件在一次试验中几乎不可能发生，但在多次重复试验中必然会发生，这就是著名的小概率原理。小概率原理是概率统计中具有实际应用价值的基本理论。例如，在实际生活中买彩票中大奖是一种小概率事件，根据小概率原理，个人购买一次彩票中大奖的概率接近 0，但当很多人都去购买彩票时，必有人会中大奖。这就解释了为什么几乎每一期彩票开奖都有人中大奖，但自己买彩票经常连小奖也不中。小概率原理的正确性源于对实践经验的总结，而不是纯粹的数学推理证明，这恰好体现了“实践是检验真理的唯一标准”这一哲学观点。

实际生活存在许多小概率事件，在教学过程中，教师要善于结合实际例子将小概率事件中蕴含的量变与质变的哲学思想传输给学生，引导学生正确理智地认识小概率事件，学会利用小概率原理来应对各种风险和挑战。例如，讲解该知识点时，可以引入“守株待兔”的故事。在这个故事中，“兔子撞死在树桩上”就是一个小概率事件，而农夫错误地把这个小概率事件当成一件经常会发生的事情，后面再也没能捡到兔子。这个故事可以启发学生要正确认识小概率事件。在教学过程中，也可以结合一些与该知识点相关的成语、谚语、诗词，激发学生的学习兴趣。例如“水滴石穿”“铁杵成针”“常在河边走哪有不湿鞋”“锲而舍之，朽木不折；锲而不舍，金石可镂”等成语、谚语和诗词中就蕴含着量变到质变的哲理，可以让学生体会到一些个人觉得微不足道的小事，只要坚持做下去就会产生不可思议的结果，鼓励学生在学习中要不断追求，锲而不舍。

（四）贝叶斯公式中的思政元素

贝叶斯公式是概率统计课程中的一个重要公式，常用于统计推断中基于已知信息推断某个事件发生的概率。贝叶斯公式具有很广泛的应用，但学生往往一知半解。在讲解贝叶斯公式时，教师可以结合实际热点话题，用实际例子向学生展示贝叶斯公式的应用，不仅可以提高学生的学习兴趣，更能够加深学生对贝叶斯公式的理解。例如，假设根据数据统计某地区某种疾病的感染率是0.5%，现有一种检测试剂可以检测患者是否感染该疾病，该试剂检测的假阴性比例为5%（在感染疾病的人中，有5%的检测结果为阴性），假阳性比例为1%（在未感染疾病的人中，有1%的检测结果为阳性）。现对一患者进行检测，结果为阳性，请问该患者确实感染该疾病的可能性有多大？为了方便解答，不妨用A表示事件“被检测者感染该疾病”，用B表示事件“被检测者结果呈阳性”，即需要求概率$P(A|B)$。根据题意可知$P(A)=0.005$，$P(B|A)=0.95$，$P(B|\overline{A})=0.01$。根据贝叶斯公式可得

$$P(A|B)=\frac{P(B|A)P(A)}{P(B|A)P(A)+P(B|\overline{A})P(\overline{A})}=\frac{0.95\times 0.005}{0.95\times 0.005+0.01\times 0.995}=0.323$$

通过上述计算结果可知，被检测者确实感染此疾病的概率为32.3%，究其原因，主要与已知的该地区的真实感染率只有0.5%有关。如果进一步对该阳性患者进行复检，根据上述结果，该患者的感染率将由最初的0.5%变为32.3%。若该患者第二次检测的结果仍为阳性，此时根据贝叶斯公式，可算得该患者确实感染该疾病的概率为97.8%。第一次检测结果为阳性时，被检测者真正被感染的概率仅为32.3%，说明仅检测一次呈现的阳性结果不足以认定此人被感染。而对该患者进行复检，若第二次检测结果仍呈阳性，那么该患者确实感染该疾病的概率高达98%，复查后基本可以确诊。这也是在疾病诊断中为什么经常会要求患者复查的原因。

上述的例子可以让学生深刻地认识到贝叶斯公式的实际用处，也可以引导学生利用贝叶斯的思想来理解新冠疫情期间我国采用的防疫政策的科学性。在新冠疫情期间，我国根据疫情的实际情况，将各区域划分为不同的风险等级，要求在中、高风险地区的人员进行多次核酸检测，并将第一次核酸检测是阳性的人员进行集中隔离观查。根据贝叶斯公式思想，可以让学生更清晰地认识到我国的防疫政策不仅符合我国的实际情况，更是一种科学的政策。划分不同的风险等级是合理的，因为不同风险等级区域的人员感染病毒的概率不同，而这会影响基于核酸结果判断是否感染新冠的正确率。要求中、高

风险地区的人员进行多次核酸检测，是因为一次核酸检测的结果不足以认定被检测者是否感染，需对核酸检测结果是阳性的人员集中隔离，复检、观察，最后才能判断是否确诊。在教学过程中，教师要善于结合实际例子来说明知识点的重要性和实用性，培养学生用科学的方法看待问题、分析问题、解决问题的能力。

（五）概率分布中的思政元素

概率统计中有很多常见的分布，正态分布是其中最常见且最重要的概率分布之一，其理论和方法具有广泛的应用价值。随着中心极限定理的建立，大量实践和理论分析表明，自然界和社会生活中的许多自然现象和社会现象都可以用正态分布来描述或近似表达。正态分布的密度函数曲线具有“中间大、两头小”的“钟形”特征，其均值减去标准差到均值加上标准差的中间部分占比为68.27%，称为基区，反映了事物或现象的主体、核心和重点结构。而其余所有区域的面积仅占整体的31.73%，反映了事物的非核心和外围结构。正态分布的形状特征告诉我们，自然界中的事物和现象大多是非均匀分布的，存在主要和次要、核心与不核心之分。在认识世界和改造世界的过程中，我们要善于抓住事物的重点，重点就是主要矛盾，它对事物的发展起主要和支配性的作用。只有抓住事物的主要矛盾，才能更好、更快地促进社会的发展。此外，如果从动态的角度把正态分布的密度看成是一个从左到右的过程或者系统，那么这个系统就经历着从负区到基区再到正区的过程，其中蕴含着事物发展变化的基本规律，即任何事物都会经历产生、发展和灭亡的过程。教师要善于从正态分布的讲解中引导学生理解其蕴含的哲学思想，培养学生科学看问题的能力，领悟具体问题具体分析和与时俱进的思想精髓。

T分布是概率统计中的另一种常见分布。教师在讲授T分布时，可以先介绍T分布产生的历史背景。英国统计学家威廉·戈塞于1908年发表论文介绍T分布的推导过程。当时他在英国的一家酿酒厂工作，主要从事试验和数据分析工作。由于在试验过程中接触的样本容量都很小，不符合当时已有的统计大样本量的基本要求，戈赛对此产生了疑惑，并开始探寻在小样本条件下的均值、标准差以及二者之间的联系，最终发现了T分布。戈赛的研究成果打破了当时大样本统计理论一统天下的局面，开创了小样本理论的先河。通过介绍戈赛发现T分布的历程，可以给学生传递大胆质疑、敢于创新的科研精神和不畏困难、勇于探索的求知精神。概率统计课程中的其他一些概率分布也蕴含着丰富的哲学思想，例如，在讲解超几何分布时，可以结合超几何分布在导弹发射和拦截中的应用例子，引导学生树立科技强国、人才强国的理念，这些都需要高校教师深入挖掘。

三、总结

高校开展课程思政教育，是履行“立德树人”教育使命的有效途径，是为党和国家培养高素质人才的战略举措。在概率统计课程教学中，教师要充分挖掘课程知识体系中蕴含的思政元素，并将其有机融入课堂教学过程中，让学生在学到专业知识的同时，也能体会到专业知识背后蕴含的科学规律和哲学思想，达到润物无声的育人效果。

参考文献

［1］张志坚．右玉精神的立德树人价值及其实现路径［J］．中共太原市委党校学报，2019（6）：45－49.

［2］汪红霞，汪佳念，赵子涵．概率论与数理统计中思政元素的探究与融合［J］．大学，2022（15）：109－112.

［3］张艳伟．概率统计课程教学中思政教育融入研究［J］．枣庄学院学报，2020，37（5）：128－132.

［4］翁桂英，宋国富，连博勇，等．疫情背景下依托案例推动概率统计“课程思政”［J］．文山学院学报，2022，35（2）：81－84.

［5］赵冠华，郎爱蕾．概率论课程教学设计中融入思政元素方式探究［J］．科教文汇，2022（7）：101－103.

［6］吴艺婷．思政元素融入概率统计课程教学的探索与实践［J］．内蒙古民族大学学报（自然科学版），2022，37（4）：347－351.

［7］许宝騄．中国概率论与数理统计研究的开拓者之一［EB/OL］．清华新闻网，2009－06－17.

［8］龙永红．概率论与数理统计［M］．北京：高等教育出版社，2020.

［9］朱建平，孙小素．应用统计学［M］．北京：清华大学出版社，2009.

［10］郑文兵．正态分布的哲学本质及世界观意义研究［J］．毕节学院学报，2012，30（1）：72－76.

思政教育融入统计学类课程教学的途径探索与反思

朱　琳[①]

当前，社会正处于大变革时期，国际形势也瞬息万变，大学生作为国家培养的高素质人才和引领社会发展建设的生力军，必须具备良好的价值观念，以更好地担负时代重担。高校作为培养大学生的重要阵地，对大学生世界观、人生观、价值观的塑造起到了举足轻重的作用。2016 年，在高校思想政治工作会议上习近平总书记着重强调了思想政治工作中高校的重要性，指出思政建设与专业建设要同向同行，形成协同效应。2021 年中央政治局会议再次强调，要加强思想政治工作。加强思政教育，成为培养具有先进思想、心怀国家社会的有志青年过程中不可或缺的重要一步。然而，长期以来，高校中思政教育与专业教育并不协同，专业教育过程中的价值引领作用未能得以发挥，使大学之道并未完全体现。因此，专业课程中思政教育的问题成为当前较难解决的问题。

在当前的信息时代，大数据已经成为多个领域发展的重要支撑，数据分析能力已经成为大学生必备技能，统计人也成为社会工作中炙手可热的人才。在高校中，统计学类课程也具有重要地位。一方面，以统计学为代表的基础课程是财经类高校学生的必修课程；另一方面，以抽样调查、统计预测与决策等为代表的专业课程则是培养统计人才必不可少的核心课程。因此，统计学类课程思政的实践不仅事关对应课程教学质量的提升，对高等院校实现立德树人目标、培养高质量统计人才也至关重要。本文从思政教育融入统计学类课程的必要性、思政教育融入统计学类课程的途径以及思政教育融入统计学类课程的反思三个方面进行思考，以促进统计学类课程的思政改革。

---

① 朱琳（1994—　），女，河南平顶山，博士，讲师，主要从事经济统计、能源环境统计等相关领域研究。

一、思政教育融入统计学类课程的目的及必要性

（一）思政教育融入统计学类课程的目的

统计类课程的学习为学生传授相应的统计专业知识，能够使学生具备一定的统计业务能力，但这并不是大学之道的根本。因此，在传授知识的同时，还必须注重对学生价值观念的引领和解决问题能力的培养，不仅要激发学生对统计专业知识的兴趣，而且还需要将理论与实际结合，引入国内外热点问题以帮助学生了解时事，认清经济发展形势，树立正确的世界观、价值观与人生观，激发学生的社会责任感，使学生具备基于理论与实际相结合、通过统计专业知识客观分析问题的能力，实现能力、知识与素养的三维融合。

（二）思政教育融入统计学类课程的必要性

1. 思政教育融入统计学类课程是中国高等教育事业发展的必然要求。当前，社会正处于信息爆炸时代，多种思想与价值观的碰撞给高等教育带来了一定的挑战，开展课程思政建设已经在全国高校达成共识。作为统计专业高校教师，应该以统计文化为纽带连接统计类课程传授与思政教育，构建有专业、有情怀的统计教学体系，并通过将思政教育融入统计学类课程中，培养学生追求真理、勇于探索、开拓创新的精神，帮助学生养成良好的个人品德，引导学生树立正确的人生观，实现全方位育人。

2. 思政教育融入统计类课程能够促进学生统计思想体系的形成。统计学要求以遵循客观事实为基础来探索发展规律，统计学类课程的教授不仅需要帮助学生掌握一定的统计分析能力，还要注重对学生统计思想的培养。统计思想由统计的本质形成，也是关于统计的方法论和思想观。李金昌教授指出，统计的本质可以概括为三个问题，即为什么统计、要统计什么、要如何统计。其中，为什么统计，是与统计目的相关的思想，也是统计的出发点与世界观。概括起来，统计的目的包括认识性、政治性、公共性、经济性以及研究性五个方面。统计什么是与统计内容相关的思想，是对统计世界观的具化，也是统计的具体研究对象。一般而言，统计内容是根据统计目的来定的，统计的内容包含哪些、如何保证统计内容的科学性等都是统计内容中的重要问题。要如何统计是统计的方法论，直接影响着统计结果。当前统计方法众多，且每一种方法都在不断地发展和完善。面对统计问题时，统计方法的选择与其本身的简单或复杂无关，只要运用得当，简单的统计方法也能够很好地解决问题。以科学性为目的，兼容并蓄、取长补短，是形成统计思想的重要内容。

将思政教育引入统计学类课程中，理论与实践结合，不仅可以让学生体会到统计的乐趣，而且在提升学生统计分析能力的同时可以加强学生对问题的把控力，激发学生的洞察力，引导学生加强对社会问题的关注，培养学生以辩证思维来判断问题，对学生形成相对完善的统计思想具有重要作用。

3. 思政教育融入统计类课程对高校培养高素质统计人才具有指导作用。当前，由于信息的发达、思想的多元化以及国际形势的复杂性，高等教育面临着种种挑战。开展思政教育已经成为各高校的共识。将思政教育与统计学类课程连接在一起，将立德树人融入课程设计、内容以及传授的各个方面，是实现全方位育人的必然要求。此外，统计学类课程有着与思政教育相互融合的天然优势。例如，统计调查、数据整理、统计分析等都蕴含着一定的价值取向。统计调查中收集的数据能够为调查结论与相关决策提供直接参考，因此在统计调查过程中必须始终保持认真严谨的态度。数据整理能够使数据所包含的信息得到充分体现，在整理过程中也能够使学生更加直接地接触社会经济发展情况，培养学生的社会责任感。统计分析则是掌握事物发展规律的关键，在分析过程中需要培养学生的辩证思考能力。因此，结合统计类课程的特点，将思政教育融于其中，有助于培养学生养成做事认真严谨、富有责任感、看问题客观全面的良好品质，提高统计人才的整体素养。

二、思政教育融入统计学类课程的途径

（一）提升教师综合素养，加强教师队伍建设

“师者，所以传道授业解惑也。”思政教育融于统计学类课程不仅要求教师擅长专业课知识，也需要教师具有一定的思想政治理论沉淀。因此，需要进一步提升统计专业教师的综合素养，具体可以从以下两个方面着手：第一，在学校层面，要加强统计专业教师与思政教师之间的沟通学习，通过建立协同机制使统计专业教师与思政教师共同开展对课程教学的设计，在思政教师的协作下实现对课程思政内容的开发。同时，学校可以组织定期的学习活动，加强专业教师对社会主义核心价值观、习近平新时代中国特色社会主义思想等相关内容的学习，引导教师实现课程思政改革。第二，在教师层面，教师是知识的直接传授者，想要更好地在统计类课程中融合思政内容，需要教师自主自觉提高自身素养，只有这样才能充分发挥自身价值引领作用，为学生做好榜样。同时，还需要教师充分调动自身的积极性。只有教师自身认可、愿意将思政教育融入课堂中，才能够充分发挥教师的主观能动性，不断挖掘

统计专业知识中的思政元素并将其渗入统计类课程教学中，切实推进统计类课程的思政改革。

（二）发挥学科优势，实现思政元素的有效融入

想要实现思政内容在统计类课程中的有效融合，需要以统计类课程特征为切入点。以“统计预测与决策”课程为例，该课程是以马克思主义为指导，适应社会主义市场经济要求，研究和判断市场经济中各种不确定现象及未来数值的一门重要的方法论学科。在经济和管理现象日益复杂、市场情况瞬息万变的市场环境中，在许多情况下要求对不肯定事物作出科学的预测和决策，这就必须在不完全观察资料的基础上，对所关心的指标作出可靠的估计，以便作出合适的决策。而“统计预测与决策”正是处理这些问题的有效工具和手段，强调“统计预测与决策”这门学科在中国社会主义市场经济体制下具有重要意义。尽管近年来出现并发展了很多预测与决策方法，但并没有哪一种方法是占据绝对优势的，因为任何一种方法都是在某种假设建立的前提条件下实现的，而任何一种假设都无法概括现实世界中错综复杂的经济关系。因此，“统计预测与决策”课程旨在向学生讲解各种方法的特点、优缺点、使用条件、使用场合等，以便使学生能够根据问题在众多方法中选择恰当的方法来解决问题。通过对不同方法讲解与对比，也可以让学生体会到应该以辩证的眼光从全局来思考问题，没有最优的方法，只有最适合的方法。在生活中也是一样，每件事情的发生都有利有弊，在选择人生道路的过程中，不要追求绝对，只有适合自己的才是最有利于自身长期发展的。此外，在讲解相关方法时，将方法与中国社会主义市场经济实践相结合，采用具体的案例对方法的应用过程进行介绍，有助于学生将理论方法具体化，能够促进学生对抽象理论知识的消化吸收。

（三）发挥专业优势，展开多样化教学

不同于专门的思政课程，将思政教育融入专业课程是一种隐性教育的方式，这就需要统计类课程教师突破传统填鸭式的教学方式，进一步改变教学方法，而快速发展的网络信息时代为此提供了契机。教师可以结合网络重新对课程进行分阶段设计，在课前，通过线上方式向学生发送预习课件和参考资料等，要求学生对下节课的学习内容提前预习、思考课程内容可能蕴含的思政知识点，并将疑难点进行记录、汇总后反馈给教师，以便教师在课堂上更有针对性地展开讲解。在课堂上，教师在就学生疑难问题进行解答后，了解学生在预习过程中对本节课内容思政知识点的思考情况，然后深入分析本

堂课教授内容的思政知识点，引导学生进行二次思考。在课后，教师通过线上方式给学生发送与本节课专业知识和思政知识相关的历史事件或社会事件，以拓展学生的阅读范围，加强学生对相关内容的理解和吸收。此外，还可以不定时组织学生进行分组汇报，让学生通过所学习到的课堂知识在经济社会中的应用展开讨论，达到学有所用、学以致用的效果，同时也激发了学生自主学习的能力，增强了学生开拓创新、探究真理的意识。此外，还应发挥统计专业优势，增加学生的社会实践。例如，组织学生参加社会调查和相关实习活动，让学生实际感知社会发展与民生现实，培养学生对社会问题的洞察能力与思考能力，增强学生在社会中的自我价值感；又如，让学生对国家发展相关指标进行数据处理与分析，使学生在实际操作中体验自身专业的作用，让学生在掌握专业知识的同时通过自己的专业能力了解国家发展，能够激发学生的社会责任感，帮助学生成为心怀家国的有志青年。

三、思政教育融入统计学类课程的反思

课程思政作为高等教育中的新理念，在拓宽了教师教学边界的同时，也给教师带来了不小的挑战。虽然当前统计学类课程的思政建设正在大力开展，但不同学校、不同老师对思政教育的侧重点不同。因此，对于教师而言，思政教育没有范本可言，但可以通过总结已有的经验来形成适合自身统计学类课程思政建设的内容与方式。当前部分统计学类课程的思政建设脱离了学科背景，且没有做到专业知识与思政内容的有效融合，导致学生既没能较好地掌握专业知识，也没能体会到思政内容的精华。因此，统计学类课程教师要避免为了思政建设而思政建设，在端正课程思政建设态度的同时，要积极主动反思出现的任何问题，在将思政教育融入课堂的过程中，要胸中有数，通过对每次授课过程的复盘以及学生的反馈情况把握课堂实际效果与预期的差异，做到边融入、边总结、边记录、边积累，通过不断的反思与修正，完善自身的课程思政建设工作。

四、结论

高校是各种思想、各种观念的交汇之处，学生除了受到主流的教育与价值观念外，还难以避免接触到许多非主流的价值观念，容易在学生的价值观、世界观、人生观形成过程中产生极大的负面影响。作为统计专业的教师，必须充分发挥学科优势，将思政教育融入统计学类课程的传授过程中，对学生

进行正向的价值引导，避免学生受到不良观念的影响而迷失自我。然而，在统计类课程中融入思政教育是一项复杂工程，必须以习近平总书记在高校思想政治工作会议上的讲话以及《高等学校课程思政建设指导纲要》为指导，通过提升教师的综合素养、发挥学科优势，展开多样化教学等多种途径进行反复的摸索和完善，以实现统计类课程与思政教育的有效融合。本文从思政教育融入统计学类课程的目的及必要性、具体途径以及反思三个方面对思政教育与统计学类课程的融合展开研究，为完善统计学类课程的思政建设提供参考。

参考文献

［1］闫杰，姜忠鹤．“立德树人”视域下“统计实务”课程改革研究［J］．科技风，2022（36）：128－130.

［2］王玲玲．高校专业课程教学融入课程思政元素的实践路径研究——以统计专业课程为例［J］．科教文汇（中旬刊），2021（12）：72－75.

［3］李金昌．关于统计思想若干问题的探讨［J］．统计研究，2006（3）：31－37，81.

［4］王芬，刘美春．课程思政在高等数学类课程建设中的探索与实践［J］．高教学刊，2022，8（26）：193－196.

［5］徐国祥．统计预测与决策［M］．（第五版）．上海：上海财经大学出版社，2016.

新时代思政课程与经济社会统计课程的协同发展研究

侯园园[①]

立德树人是教育的根本任务，思政课程是实现教育立德树人这一根本任务的关键，新时代思政课程是建设中国社会主义现代化强国、实现中华民族伟大复兴的重要力量。党的十九大以来，以习近平同志为核心的党中央高度重视思政课程建设，并强调思政课程与专业课程的协同发展，为新时代高校思政课程发展指明了方向，为我国社会发展提供了源源不断的动力。经济社会统课程计作为经济与统计学相结合的课程，是一门运用统计学方法描述、分析和认识经济社会现状和发展，解决中国经济社会问题的重要专业课程，直接服务于中国经济建设。将思政课程与经济社会统计课程教育深度融合，实现社会经济统计课程与思政课程的协同发展，不仅有利于培养学生树立正确的世界观、人生观和价值观，更有利于学生对经济社会统计课程内容的深层次理解和主动掌握，坚定学生将经济社会统计知识运用到国家建设中去的信念。本文从新时代思政的内涵及建设的重要性、经济社会统计课程特点、新时代思政课程与经济社会统计课程融合发展等方面入手，系统论述了新时代思政课程与经济社会统计课程协同发展的必要性及实现路径。

一、新时代思政的内涵及课程建设的重要性

（一）新时代思政的内涵

思政是指思想政治理论，新时代的思政核心就是习近平新时代中国特色社会主义思想。在党的十九大报告中，习近平总书记首次提出了“新时代中国特色社会主义思想”。并在之后写入中国共产党党章和《中华人民共和国宪法》，成为新时代指导中华民族奋斗的思想指南。习近平新时代中国特色社会

① 侯园园（1988— ），女，山东潍坊，博士，讲师，主要从事国民经济核算、经济增长与全要素生产率、新经济统计等研究。

主义思想是对马克思列宁主义、毛泽东思想、邓小平理论、“三个代表”重要思想、科学发展观的继承和发展，是马克思主义中国化的最新成果。党的二十大提出“高举中国特色社会主义伟大旗帜，全面贯彻新时代中国特色社会主义思想”的会议主题，进一步丰富了其精神实质和理论内涵，明确应“弘扬伟大建党精神，自信自强、守正创新，踔厉奋发、勇毅前行”作为具体行动指导思想，励志实现“为全面建设社会主义现代化国家、全面推进中华民族伟大复兴而团结奋斗”这一伟大理想和目标。

党的二十大进一步明确了习近平新时代中国特色社会主义思想的历史内涵和具体行动指南，在指导党和全国各族人民团结奋进中具有重要的价值和作用。

（二）新时代思政课程建设的重要性

高校思政课程是指高校思想政治教育，新时代思政课程是指将习近平新时代中国特色社会主义思想融入高校思想政治教育课程，培养学生树立正确理想信念和奋斗目标的过程。为促进思政课程建设，2019 年 8 月中共中央办公厅、国务院办公厅印发了《关于深化新时代学校思想政治理论课改革创新的若干意见》，2020 年 5 月教育部印发《高等学校课程思政建设指导纲要》。2022 年 8 月教育部等十部门印发了关于《全面推进“大思政课”建设的工作方案》。

“青年兴则国家兴，青年强则国家强”，青年是中国社会发展的主力军，青年群体有干劲、有理想、有目标，中国才有希望、有未来。加强青少年群体的新时代中国特色社会主义思想教育，不断提高学生的思想水平、政治觉悟、道德品质、文化素养，是实现中国式现代化和中国梦的核心所在。高校作为培养社会主义建设者和接班人的重要阵地，坚持立德树人这一根本任务，加强思政课程建设将是实现这一目标的重要举措。

二、经济社会统计课程的特征

（一）经济社会统计课程内容

经济社会统计课程是经济统计专业的核心课程，对经济统计学专业学生的专业基础培养具有重要作用。经济社会统计包含经济统计和社会统计两层含义，经济统计主要研究一国国民经济过程，通常包括国民经济核算与其他经济统计两部分，如产业统计、财政统计、金融统计等。社会统计通常理解为除经济活动以外的社会活动内容构成的内容的统计，如人口统计、社会福利统计、健康统计等内容。经济活动与社会活动都是以人为中心的活动，社会系统中包含各种经济活动，经济活动又有社会性质，两者在内容上相互联系、相互补充，共同服务于社会管理。因此，融合经济统计和社会统计的社会经济统计学成为进一步理解经济统计和社会统计的基础。

李静萍教授和高敏雪教授主编的《社会经济统计》教材较为经典，在经济社会统计课程教学中比较常用，这本书分为九章，主要内容为人口与人力资源统计、企业活动与产业活动统计、公共部门统计、金融统计、对外经济统计、住户活动统计、国民经济总体核算、社会发展的统计与评价等内容，紧密围绕经济社会统计是以人为中心的原则，从六个具体统计方面和整个经济社会过程的描述统计分析，系统介绍主体单位在不同领域活动过程的统计。

以《社会经济统计》为代表，经济社会统计课程打破了对经济统计和社会统计分别授课的方法，将两者合二为一，建立经济社会综合统计框架体系。采用这一样一套汇总的社会经济统计实务，一方面，实现对经济社会统计描述和分析、展示经济社会发展的统计数据体系、经济社会统计方法论体系三者的同时介绍，为应用统计数据的经济和其他社会管理方法提供综合理论支持；另一方面，通过对经济社会统计提供的统计数据和历史资料，能够系统展示我国经济社会发展的历史进程，并通过数据的整理和深层次分析发现社会发展的历史规律性。

（二）经济社会统计课程中蕴含的思政元素

经济社会统计课程系统介绍有关人口、企业、公共部门、金融等不同主体相关统计活动和内容的课程，是一本着眼于经济社会管理实践的课程，其中蕴含着丰富的思政元素。例如，在有关科技投入统计内容中，“开展 R&R 活动的企业总数”“R&D 经费支出”“企业专利拥有量”三个指标历年数据的变化，很好地体现了近年来我国科技实力的迅速提升；在教育活动统计内容中，普通本专科招生人数、研究生招生人数、普通高等学校教职工人数等指标的历年人数统计数据，充分体现了我国对于教育事业的重视，以及通过教育实现国富民强的努力；在居民消费统计内容中，城镇人均消费支出、消费构成变化、平均消费倾向等指标历年数据，充分体现了我国全面建成小康社会的路径及最终目标实现的历史时刻。从以上统计实例中可以清晰地看出，经济社会统计中获得的统计资料，能够深刻体现我国改革开放以来的迅猛发展，能够很好地、全面地刻画在党的领导下，我国取得的辉煌成就，这些都是重要的思政元素。

三、新时代思政课程与经济社会统计课程协同发展的可行性

思政是高校一切工作的“生命线”，高校课程思政建设是提升人才培养质量的必要路径。经济社会统计课程作为一门与经济社会发展密切相关的理论与实践内容相结合的经济统计专业核心课程，其中蕴含着丰富的思政元素，同时也需要思政课程的理论指引，将经济社会统计课程与思政课程深度融合、协同发展，具有重要的理论价值和现实意义。

(一) 经济社会统计课程融入思政教育的必要性

经济社会统计旨在帮助学生了解经济社会体系中存在的统计调查内容、方法和数据资料，并通过对整个经济过程进行系统核算的国民经济总体核算内容，使学生对宏观经济统计有一个系统的了解。以《社会经济统计》中的国民经济核算内容为例，可以看出国民经济核算需要思政课程思想的指引。国民经济核算是国民经济统计的主要内容，通常以国际上通用的《2008 年国民账户体系》为方法论基础构建国民核算体系，其统计方法遵循国际通用准则，如果不将其与具体的经济社会实体想结合，国民经济核算仅是一个方法工具，内容仅是统计调查、统计数据获得的基本步骤。同样，如果没有核心思想的指引，经济社会统计课程也仅是统计方法的简单介绍。

当前中国经济发展取得长足进展，在用统计数据说话的年代，经济社会统计中涉及的统计数据处处体现了我国经济发展的历史进程，将思政课程引入经济社会统计课程教学中，结合我国经济社会发展统计数据，不仅能够更好地帮助学生理解统计数据产生的根源，还能激发学生的爱国热情。可见，思政课程将为高校教师和学生提供一个强大的理论基础，对我国社会经济统计课程方法论内涵的深层次挖掘起到巨大的推动作用。

(二) 思政课程与经济社会统计课程协同发展的必然性

著名统计学家 C. R. Rao 曾说过统计学是依附于其他领域而存在的，社会经济统计包含的统计理论和统计数据在经济领域的应用是其存在的重要价值。中国统计学课程是为解决中国的社会实际问题而设立，这也是高校经济统计专业建设的重要指导思想。将思政思想融入经济社会统计课程乃至经济统计学专业，思政课程的设置至关重要。因为只有当指导学生树立正确的人生目标和方向，才能激励其发奋学习。通过将思政课程与专业课程教学相结合，可以从根本上解决教育“培养什么人、怎样培养人、为谁培养人”的问题，这也为经济统计学专业指明了学科建设的意义，即为中国社会主义现代化建

设培养解决社会经济问题的统计学人才。

（三）思政课程对学习经济社会统计课程学生的自我价值实现起到推动作用

在经济统计学专业的课程设置中，经济社会统计等课程是培养学生方法论的核心学科，但是学生在学习过程中，应充分认识到学习的目的即解决社会经济问题，那么了解中国国情、社会现状和需求，这就需要设置思政课程，让高校学生充分了解中国近些年来取得的伟大成绩和未来发展的方向，了解党和国家所遵循的中国特色社会主义先进思想和需要完成的历史使命。只有深入学习习近平新时代中国特色社会主义思想，充分理解中国的思想基础、充分吸收中国优秀传统文化、坚定理想信念，统计学专业学子才能在专业课程学习统计学，立志为祖国建设增砖添瓦。

四、经济社会统计课程思政建设的实现路径

思政课程设置对经济统计学专业的设置的发展具有重要作用，思政课程不仅需要专门的课程，在日常教学活动中也应深度融合，因此，在经济统计学专业教师、各类课程和各类教育活动中，都应积极做到思政在眼中、思政在心中、思政在口中。经济社会统计作为统计学与经济学相结合的学科，作为方法论与社会经济实践相结合的课程，更应该与思政课程深度融合。具体可从以下四个方面着手。

（一）不断深化教材的思政内容

教材通常是学生学习专业知识的核心宝典，当前的教材基本都是只涉及专业知识，包括方法理论和应用实践，很少涉及思政内容。为提高思政课程与各专业课程的协调发展，建议在专业课程教材中引入思政内涵，可以首先以适当方式将各章节体现的思政内涵进行罗列，以启发学生的深度思考，从而提高教材的引导作用。例如，收入统计内容中，引导学生将 GDP 常见指标统计数据的历年数据与中国增长奇迹的发展脉络相结合，增强对坚持中国特色社会主义发展道路的信心。

（二）提高经济社会统计课程教学老师的思政素养

高校教师是学生获得知识的一个重要来源，高校教师多在自己相关领域有较深入的研究，高校教师只有在掌握专业技术的同时，更深入地学习新时代中国特色社会主义思想，深入理解思想理论和对中国发展的重要性，才能够深入浅出地讲活经济统计学理论，并指引学生探索经济统计学相关理论中

适合中国的创新。习近平总书记曾指出，要想给学生一碗水，教师应有一潭水。提高经济统计学教师的思政素养，是培养学生树立良好三观，培养优秀人才的关键。

（三）提高课程教学过程中思政的传播

思政课程不仅是指专门设置的思政课，还应包括在日常专业课教学过程中的思政思想的融合输出。经济社会统计课程作为解决社会经济问题的学科，在各类课程教学过程中，通常都能提到中国社会经济问题，在中国社会经济问题与经济统计学理论之间，应建立一座思政桥梁，引导学生时刻保持专业学习的目标是解决中国问题。那么，只有正确理解和深入学习中国社会现实问题，才能科学地思考当前的经济统计学方法是否符合中国问题的探索需要。因此，在各类课程教学过程中，传播中国的思政至关重要。

（四）用好用活各类资源和场景，思政“润物细无声”，全面提升育人效果

中国著名统计学家邱东指出，经济统计学研究应具备相关性、思想性、创新性和意趣性四种品质，即经济统计学应厘清社会担当、具有专业思想性、产生思想性的产品、行文丰富易懂，其中就蕴含着思政思想，树立中华民族每个人应担当的使命，这四个品质也适合经济统计学专业的学者来提高自身的学术素养。通过润物细无声的方式，传授学生良好的思想品质。

参考文献

［1］习近平．决胜全面建成小康社会 夺取新时代中国特色社会主义伟大胜利——在中国共产党第十九次全国代表大会上的报告［EB/OL］．［2019－10－18］．https：//www.12371.cn/2017/10/27/ARTI1509103656574313.shtml.

［2］习近平．高举中国特色社会主义伟大旗帜 为全面建设社会主义现代化国家而团结奋斗——在中国共产党第二十次全国代表大会上的报告［EB/OL］．［2022－10－16］．http：//www.gov.cn/xinwen/2022－10/25/content_5721685.htm.

［3］于战华，姜薇．“微积分”课程思政元素有效融合路径的研究与探索［J］．教育教学论坛，2023，No.607（4）：120－123.

［4］王学俭，石岩．新时代课程思政的内涵、特点、难点及应对策略［J］．新疆师范大学学报（哲学社会科学版），2020，41（2）：50－58.

［5］李静萍，高敏雪．经济社会统计［M］．4版．北京：中国人民大学出版社，2021.

［6］董志勇．经济学科课程思政教学设计［M］．北京：北京大学出版社，2022.

［7］邱东．经济统计随笔应该具备的四种品质［J］．中国统计，2021（4）：71－73.

探究研究生思政教育的有效途径

周喜林　侯婷婷①

研究生思政教育是高等教育中的重要组成部分，对于培养高素质、复合型、创新型人才具有重要的促进作用。同时，政府、高校和教师应积极履行好思政教育的职责，为研究生提供更加优质的思政教育，确保研究生能够作出更大的贡献。在我国，研究生思想政治教育已经体系化，并有相关法律法规和文件予以支持。在《普通高等学校研究生教育学科专业目录》中从思想政治教育的角度，对研究生培养目标及课程设置进行了详细规定；《高等学校研究生教育质量标准》强调教育内容要求将立德树人贯穿到整个研究生教育全过程中，为学生提供科学正确的思想引导，增强学生的社会责任感和担当精神；《教育部关于深化新时代全国高等学校思想政治理论课教育改革创新的指导意见》明确提出，深入推进新时代研究生思想政治教育，要发挥思想教育首位的作用，落实立德树人根本任务；《研究生思想政治教育指导纲要》以党的十八届六中全会和党的十九大提出的新时代中国特色社会主义思想为指导，实践立德树人的首要任务，明确了研究生思想政治教育的任务、原则、方法和措施，为高校加强研究生思想政治教育提供了指导。总之，随着我国科技和经济的迅速发展，高素质人才培养已成为高等教育的重要使命，特别是研究生作为高端人才的培养对象，思政教育是立德树人必不可少的关键要素。

一、研究生思政教育中存在的问题

研究生思政教育是高等教育中至关重要的一环，它对研究生的思想与道德修养、人文素质、学术能力、创新意识和社会责任感等方面都起着至关重要的作用。然而，当前研究生思政教育存在各种问题，而这些问题导致研究

① 周喜林（1977—　），男，吉林洮南，博士，讲师，主要从事伦理学及思想政治教育研究；侯婷婷（1995—　），女，江苏铜山，硕士，助教，主要从事思想政治教育研究。

生的思想觉悟得不到显著提升，对未来的学习和工作都有一定的影响。

（一）理论脱离实践问题

传统的思政教育往往是抽象的理论知识，很难与实际联系起来。研究生很难将所学知识应用到实践中，缺乏对现实问题的深入理解和解决能力。特别是相对于专业教育与思政的融合问题，虽然近年来在此方面的研究逐渐深化，但实际效果并没有达到理想的预期，两者之间联系过于机械，并没有建立相互融合机制。

（二）流于形式问题

一些学校或者教师在思政教育中仅仅是形式化地传授知识，而没有真正挖掘和满足相当于研究生层次和水平的需求。这种方式让研究生感受不到思政教育的创新性和重要性，导致思政教育整体质量不高。形式化的思政教育在师生中间都没有得到足够的重视，没有达到深刻的认知效果，思政教育的重要意义得不到充分的体现。

（三）缺乏互动问题

一些学校或者教师在思政教育过程中只采用单向、直接的传授方式，而没有引导学生参与互动，缺乏思辨和交流，不能让研究生充分地思考和表达自己的观点，这也是研究生思政教育的一个重要问题。单向的传授并不能全面反映出思政教育的实施效果，而且从思维的角度上缺乏双向的互动性，从学生视角的思考很容易被忽略。

（四）缺乏具体实践问题

思政教育注重对研究生道德、伦理和人文素质的塑造，然而，在现实中，研究生缺少具体实践的机会，导致他们无法真正理解并运用思政教育中的知识和理念。通常情况下，思政教学都采取课堂或者书本讲授的方式进行，缺乏实践案例或者在研究上的具体运用，导致思政教育的效果只存在于学生的心理层面，而与具体科研结合不够。

（五）缺少个性化教育问题

在一些学校中，对于研究生群体的具体需求和背景并没有充分考虑，往往采用“一刀切”的教育方式，而缺少个性化教育。研究生的专业背景和研究方向是有明显差别的，而思政教育往往采取统一模式和相同的内容，不能做到有针对性地开展，在很大程度上影响学生的学习效果，特别是对思政教育的认识和理解会忽略专业背景的区别，所以，思政教育要注意个性化问题，不能一概而论。

总的来说，当前研究生思政教育还存在很大的改进和提升空间，需要采取相应的措施，逐步解决相关问题，提高研究生思想与道德素质，促使他们更好地成长和发展。特别是高校教育特色鲜明，要针对不同学生的专业素养和要求来科学合理地设计思政教育课程体系和授课模式，把研究生的思政教育与专业教育紧密结合起来，正确引导科研方向及成果应用。

二、解决研究生思政教育问题的路径

要提升研究生思政教育质量，该如何解决思政教育过程中的诸多问题需要高校教育管理者对此进行更为深入的研究和思考。根据学校办学特色及人才培养目标制订合理的思政教育实施方案，充分利用学校及社会的教育资源，调动广大师生的学习和研究热情，将思政教育作为学校办学的重要任务，并与人才质量培养建立配套机制。

（一）结合实际问题

思政教育应该与实际问题相结合，让研究生能够更好地理解和掌握所学知识。学校应该为研究生提供更多的实践机会，让他们能够将所学知识应用到具体实践中，切实体现思想理论与现实问题的结合。用思政指导教研、用教研深化思政，把思政内容贯穿于课堂、科研和实践，突破只学不用的弊端。思政课堂不但可以利用新科技对研究生思想政治进行针对性教育，检索和引用相关时事来丰富教学内容，提升课件质量；而且还可以用新技术创新教学方式，采用更利于学生吸收和理解的方法。

（二）探索个性化教育

每位教师都有自己的教学方法和教学特点，同样，学生也有自己的学习方式和特点。而研究生之间个体差异很大，这样就需要针对不同的学生采取个性化的教育方式。学校应该关注学生的专业背景、文化水平、研究方向等因素，有针对性地设置和调整思政教育内容和形式。特别是不同院系思政课的开展要体现本专业特色及实践教学模式。注重个性化的人才培养不只是专业教育方面，思政教育的专业特色同样需要持续探索和深入研究，才更有利于培养优质的高端人才。

（三）推广讨论式教育

在思政教育中，讨论式教育可以让学生自主思考、自主表达，达到互动和交流的效果。可以通过讨论、辩论、小组活动来加强交流互动。让研究生能够在思辨和交流中发现自身问题和解决问题的方法，拓宽科研视野和研究领域，在交流互动中产生新的研究思维，这样不但可以解决学习中遇到的困难，也可以使思考问题的角度更加全面，吸收和借鉴他人的观点和经验用于指导自己的学习方法、创新思维模式。

（四）丰富多元化的思政教育活动

学校要积极举办各种形式的思政教育活动，如主题演讲、社会实践、外出参观，让学生在不同的场合中接触到具有深度和宽度的知识，增强对思政教育的认知和理解。特别是现在的高科技信息传播媒介及学习平台极其丰富，高校要有效利用和开发学习平台的功能，使思政教育内容更加丰富和全面，对培养综合性人才必不可少，如“学习强国”平台对国家方针、政策，党和国家的发展历史、国际发展状态和趋势等内容极其丰富，这对创新思政实践教学模式有着重要的引导和启示作用。

（五）加强师资队伍建设

思政是衡量教师素质的重要标杆，可以有效提升师资队伍的整体实力和水平，也是培养高素质人才的重要保障。研究生思政教育需要专业的师资队伍来保障教育质量。学校应该定期培训和选拔高水平的思政教育师资，通过各种方式提高师资队伍的教育水平和教育质量，让研究生从中受益。同时，学校把教师的培养和干部的选拔与学生教育相结合，让优秀的教师队伍壮大学校的整体实力，更能对学生进行全面的指导。可以促进思政教育的不断发展与完善，更好地服务于研究生的成长和发展。

三、研究生思政教育的要求和目标

研究生思政教育的要求和目标是结合社会发展与时俱进的，是一个把思想意识与科学研究紧密结合的过程。思政教育是为了使研究生在学术、技术等方面取得更高成就的同时，深化对理论知识的理解、认识并贯彻落实到实际工作中。通过思政教育，不但能够提升广大研究生的整体思想素质，而且能提高学生的综合素质和社会竞争力，成为具有良好思想素养的新时代高层次人才。

（一）坚定理想信念

研究生应该通过思政教育，树立正确的人生观、世界观和价值观，坚定社会主义理想信念，并能够在实践中培养良好的社会责任意识和担当精神。教育研究生深刻领会社会主义核心价值观，用先进的时代发展理念和坚定的理想信念充实素质培养，做社会发展的接班人和开拓者。

（二）自觉提高思想素质

研究生应该通过思政教育，自觉提高思想素质，进一步拓展视野、加深思考、提高创新能力，培养创新意识、创新思维和创新能力。以学术视角深入研究思政教育的践行模式，以思政为引领，指导专业学习和社会实践。思想素质既是培养人才的关键要素，也是人才向着良好方向发展的重要保障，所以，无论在高等教育的任何阶段，对学生思想素质的培养是全过程、全员性的教育课程。

（三）把握时代发展

研究生应该通过思政教育，全面把握时代发展和国家战略，深入了解各领域和行业的发展趋势和问题，为实现国家和人民的发展作出贡献。作为高学历人才更应为社会的发展充当先锋，紧跟时代、勇于创新。充分了解社会发展形势，特别是与学科发展相关的前沿问题，进而拓宽知识面和学术视野。

（四）坚持自主学习、独立思考

研究生应该通过思政教育，掌握科学的学习方法和研究方法，不断提高自主学习能力和独立思考能力，完善自己研究方向的知识结构和思维模式。加强独立思考和创新意识的培养，运用思政教育不断地调整和完善研究方向和学习方法，制订合理的科研计划及职业规划等，为未来社会实践奠定坚实的基础。

（五）增强社会责任意识

研究生应该通过思政教育，增强社会责任意识和人文关怀意识，不断提高自己的社会影响力和服务意识，树立良好的学风，为社会和人民作出应有的贡献。为人民和社会服务是我们每个人的社会责任，特别是研究生受过高等教育的洗礼更应该深刻意识到为人民服务、为社会发展的责任担当，做社会发展的可用之才。

总之，在加强研究生思想政治教育过程中，可以借助教学内容完善、教学活动创新等方式，提升教育亲和力与针对性，既能对学生核心素养的提升有切实帮助，又能对学生政治素养、责任意识与正确观念的形成等有积极的促进作用。只有在师生沟通过程中保持积极、向上的特点，两者之间形成相互影响、共同进步、亦师亦友的和谐关系，这样教师才可以通过人格魅力对学生行为与思想产生积极影响，让学生在拥有健全人格的同时，养成良好的品质与习惯。高校对研究生的思政教育要形成高标准、严要求的过程管理体系，利用现代高科技手段和方法为学生创造丰富的学习和实践平台，时刻把握正确的发展方向，全方位贯彻新时代社会发展的政治理念，以培养优秀的高素质人才为目标。

参考文献

［1］段培高，姜召．新时代背景下提升研究生思政教育亲和力和针对性途径探究［J］．数据，2022（12）：178－180

［2］白小青，王继明．提升研究生思政理论课亲和力探究［J］．科教文汇，2021（31）：52－54.

“数字中国”背景下基于统计学专业学生特点的思政教育模式探析

孙　琳①

习近平总书记指出：“青少年思想政治教育是一个接续的过程，要针对青少年成长的不同阶段，有针对性地开展思想政治教育。”经过中小学阶段的思政教育教学活动，青年大学生的认知情感、理想信念、知识行为模式等已经初具雏形但尚未稳固，处于独立个体特色形成发展的关键时期。在网络化、多元化、内外环境深刻变化的时代背景下，急需科学系统的大学教育培养体系促使青年大学生去伪存真、知行稳固，建立健全个体价值体系。在分析青年大学生共性成长规律的基础上，积极探索各专业学生的认知行为特点和人才培养体系，善用“大思政课”理念，开展具备专业特色的思政教育，是完善高校思想政治工作体系和人才培养体系的应有之义。

党的十九大报告指出“改革审计管理体制，完善统计体制”，对新时代的统计工作提出了新的期待和展望。全面深化统计改革发展，建立高质量的统计体系，为营造国泰民安的环境提供坚实的统计保障，必须更加自觉地学习贯彻习近平新时代中国特色社会主义思想。作为未来将投身统计工作的统计学专业大学生，理应德才兼备，既有服务国家发展的远大理想，又能脚踏实地掌握专业技能。

一、统计学专业大学生的思想行为特点

（一）具备良好的数据素养

数据素养是指在大数据背景下，公民运用数据思维收集、分析、使用、传播数据信息的能力以及在此过程中体现出来的数据伦理和数据规范。统计学专业大学生对数据具有高度的敏感性，能够认识并明晰数据的重要作用和

---

①　孙琳（1989—　），女，山东淄博，硕士，讲师，主要从事思想政治教育研究。

数据之间的逻辑关系，善于运用数据思维思考和解决问题，通过对数据的分析处理，挖掘数据所能创造的深层价值，从而为决策提供强有力的数据基础。

（二）具备务实求真的严密逻辑

统计的基础在于数据，数据的关键在于真实和准确。数据虚假和失真，无法反映事件本身的真实情况，影响数据处理和分析，进而破坏决策和预测的质量，不仅不能科学合理地透过现象发现事件的本质，找到有效解决问题的方法，甚至会产生新的问题。因此，统计学专业大学生尤其尊重数据的有效性、逻辑性、规范性，能够准确地判断和评估数据，构建统计模型和解释统计结果。在数据的处理中培养了务求去伪存真、揭示事物客观规律的优良品质。

（三）具备广阔视角和与时俱进的思维

党的二十大报告明确提出，要加快建设数字中国。随着大数据、云计算、人工智能等的升级优化，数据要素成为一种新的重要资产，经济、政治、文化、社会、生态文明等多个领域均依赖数据要素的高效流通。统计学专业大学生在掌握这门方法论科学的过程中，通过对国家和社会发展的各个领域的公共数据进行甄别和处理，紧跟社会发展趋势和时代步伐，开阔了看待问题的眼界和视角，产生了与多个学科的交叉融合。

（四）具备学以致用的专业能力

统计学是一门方法论的科学，统计学专业大学生在长期的理论学习与实际操作中，认真践行理论指导实践、实践检验理论的科学理念，掌握了建立数学模型、对数据进行量化分析与总结的方法，培养了较强的数据收集、处理、分析和运用能力，能熟练运用统计软件、具有较强的统计计算能力，培养了学以致用、知行合一的能力。

二、统计学专业开展思政教育的基础与难点

（一）统计学专业开展思政教育的基础

首先，数字中国大背景下，数据科技日新月异，人工智能、元宇宙、智慧统计等飞速发展，统计数据开始深度影响社会生产和生活的方方面面，并以大数据推送、纪录片展示等方式出现在人们面前，能够让学生深刻地体会到统计学专业服务国家及社会发展、推动学科融合升级的生动表达，树立民族自信、专业自信和时代责任感。

其次，统计学诞生于应用，成熟于应用，未来的出处更是在应用。统计学专业实践应用性强，易于与其他学科、产业融合发展，专业知识能通过建

模竞赛、实践活动、志愿服务、创新创业等形式得到检验并创造社会经济价值，使学生在践行理论与实际相结合的理念的同时，也得到幸福感与获得感的增值体验，为服务国家和社会发展需要赋能。

最后，统计学专业的学生具有较强的数据素养、逻辑思维，求真务实、与时俱进，易于接受新理念、新思维、新方法。在遵循思政教育工作规律的基础上，将传统思政教育的育人经验与大数据时代新技术新平台结合，必将让统计学专业的思政教育注入新的活水，焕发新的活力，推动新时代思政教育创新发展。

（二）统计学专业开展思政教育的难点

1. 专业知识与课程思政融合难。统计学专业的核心课程包括概率论、数理统计、应用随机过程、统计学、数据挖掘等，基于专业和课程数据化、数字化、计算处理的特点，受限于评价考核方式的特殊性，如何在课堂教学、考核评价中寻求数量化知识探索与理想价值追求之间的精神纽带并将其融会贯通，以产出为导向引导学生从国家社会发展需要的角度学习和理解专业知识，从而确立学以报国、学以为民的远大理想，是统计学专业开展课程思政教育面临的首要问题和难点问题。

2. 高校教师与思政教育融合难。高校课程思政教育依赖高校教师发挥桥梁和纽带作用，尤其在“三全育人”的背景下，作为直面学生的每一个高校服务部门和每一位高校工作者都承载了思政育人的重要职责和担当，但是在师资队伍的建设中，不乏存在一些教师对思政教育的重要性认识不到位、思想上不重视、理论功底不扎实等现状，尤其是理工科背景出身的教师，往往缺乏深厚的政治素养和思政知识储备，导致教育教学过程中不能灵活自然地融入思政元素开展思政教育。

3. 课程思政与思政课程融合难。习近平总书记在思想政治理论课教师座谈会提出“坚持显性教育和隐性教育相统一”。思政教育是一个系统的、复杂的、长期的过程和体系，在充分发挥思想政治理论课显性教育作用的同时，需要其他各类各门课程与思想政治理论课同向而行，形成有效的协同育人效应，实现隐性育人功能。在目前的实际工作中，思政教育协同育人的机制尚未建立健全，缺乏科学合理的制度安排及监督评价机制，效应尚不明显。

4. 第一课堂与第二课堂融合难。第二课堂依托志愿服务、创新创业、社会实践等丰富多彩的课外校园文化活动，实现大学生的自我开发、知识拓展和能力培养，作为第一课堂内容的有效补充和延伸，是提高统计学专业学生综合素质的主阵地。第一课堂和第二课堂的有机融合，是完善高校思政育人体系和提高高校思政育人质量的有效途径，但融合机制的建立和完善还需要进一步探究。

三、“数字中国”背景下统计学专业思政教育策略思考

（一）深度挖掘专业知识中的思政元素

第一，从学科发展史入手，讲述历史长河中，一代又一代的优秀专家学者为了追求科学与真理、为了国家发展与进步迎难而上、孜孜奋斗的事迹，以及古代朴素的统计、数据思想，培养学生爱国主义情怀和远大理想信念，增强专业自信和文化自信。第二，完善数字思政平台，与行业企业共建课程案例资源库、共讲课程，对所有课程进行案例化改造，将鲜活的社会热点话题及应用实践引入课堂中，如“一带一路”国家发展数据分析、DNA 数据比对侦破案件等，采用翻转课堂等形式启发学生思考，打造学生自主学习和自主管理的智慧课堂，增强学生的参与意识，引导学生善于运用统计思维认识和解决现实问题，树立用专业知识服务国家和社会发展需要的历史使命和时代责任。第三，丰富课程考核评价体系，重视过程性考核，增加小组讨论汇报、中期总结等考核方式，适当增加现实案例分析等题型，增强思政教育与考核的一致性。

（二）充分发挥高校教师的主力军作用

第一，加强师德师风建设，把思政教育成效纳入各项工作考核中，提高全体教师的政治站位和思想认识，自觉地开展理论学习，练好思政教育基本功，主动将思政教育与本职工作相结合，提高育人的本领和成效。打造“头雁”工程，选树“四有”好老师标杆，培育思政名师，发挥榜样引领作用，形成“人人争做思政好老师”的良好氛围。第二，增加思政教育投入，邀请著名专家学者开展形式多样的常态化专题培训、讲座，开展红色文化场馆实地参观、座谈等教育活动，针对不同的学科背景、不同的工作岗位、不同的工作年限等可以开发不同的系列教育活动，提高思政教育的针对性。第三，强化基层教学组织、课程组等的作用，通过头脑风暴、集体备课研讨等方式，集思广益，共同打造更具思政育人实效的教学大纲、教学方式、考核方式等，形成优秀教学案例作为范例传播宣传，形成示范效应。

（三）构建课程思政与思政课程的协同体系

第一，紧扣“培养什么人”这个首要目标，思政课程与统计学专业课程思政都要先服务于这个共同目标，目标导向的一致性，是协同体系得以构建的基础和根本的价值引领。第二，在专业课程思政化的同时，创新思政课内

容，注重思政课程的专业化，实现深度的双向融合，定期举办专业教师与思政教师的专题研讨会，在相互促进中得到共同发展，实现人才培养目标，如在思政课程中适度引用统计学专业历史、优秀人物事迹、重视数据化的强国奇迹等。第三，鼓励统计学专业教师开设通识教育课程，如《人工智能与信息社会》等，利用统计大数据知识解读国家发展成就，实现课程思政与思政课程的自然融合。

（四）实现第一课堂与第二课堂的有效衔接

第一，鼓励和组织专业教师投入实践教学中，担任第二课堂的指导教师，指导学生参与统计建模大赛、挑战杯等学术竞赛、“三下乡”暑期社会实践、大学生创新创业项目等，引导学生关注国家和社会发展需求，运用专业知识解决现实问题。第二，强化现代信息技术手段如慕课、超星等在第一课堂中的应用，将“大思政课”的优秀教学内容引入课堂教学中，提升第一课堂教学的信息化、针对性、吸引力，实现课堂内外教学内容的融合转化。第三，丰富第二课堂内容，打造学院文化墙、文化长廊、文化室等，展示学院优秀办学成果、优秀教师风采、统计学专业服务国家建设与社会发展的事迹等，让学生切身体会孜孜以求、追求科学真理的专业精神；组织学生参与专业学术会议、参观行业企业等活动，了解专业前沿理论和实践如何服务于生活生产实践，近距离了解国情民情。

四、结语

在数字中国建设背景下，数据人才的培养面临很多机遇和挑战，只有探索符合统计学专业特色及其学生特点的思政教育创新模式，引导新时代统计学专业的大学生真正将个人奋斗与国家振兴同频共振，才能使高校统计学人才培养真正服务于国家统计事业发展，为新时代国家建设和发展添砖加瓦。

参考文献

［1］付超．大数据背景下公民数据素养提升策略探析［J］．图书馆理论与实践，2018（8）：7.

［2］傅德印．新时代统计学专业人才培养创新及路径［J］．统计学报，2023，4（1）：17－22.

［3］何涛，孙喆．大数据背景下高校应用统计学专业教学改革研究［J］．赤峰学院学报（自然科学版），2022，38（7）：81－83.

高校教师课程思政能力提升策略研究
——以抽样调查课程为例

刘永欣①

课程思政是指通过课程建设和课堂教学对受教育者进行思想政治教育的过程。高校思政是培养担当民族复兴、落实立德树人根本任务的重要基础，对推动中国特色社会主义事业至关重要，在党和国家治国理政战略中的地位日益凸显。在学校思想政治理论课教师座谈会上，习近平总书记强调了新时代办好思政教学的重要性，并对教师在这一领域所承担的关键职责进行了深入分析。高校教师应注重教学思政能力，在课堂教学过程中合理发掘、加工与运用在课程中蕴藏的思政教育元素，并精心组织教学过程，把思政内容融入课堂教学，以实现专业课程“润物无声”的教学作用，从而达到知识灌输、技能训练、思维引导和价值培养等内在整合的教育目标。

抽样调查是指根据随机原则从总体中抽取部分个体作为样本，通过对样本的调查或测量，运用概率统计的方法，借助样本统计量估计总体未知参数的过程和方法。抽样调查方法已广泛应用于社会、经济、医疗和卫生等各个领域。为实现专业课程与思想政治教育同向同行，本文将结合抽样调查课程的个人教学经验，从教师思想政治觉悟、思政教学设计能力、课程思政协同育人三个方面论述。

一、加强专业课教师思想政治觉悟

课程思政重在教师。教师的理想信念、品德情操、深厚学识与仁爱之心，都能潜移默化地影响学生的价值观念和行为方式，因此，教师应该不断加强自身的政治觉悟，培养自我的思政情怀，提升思政教育修养和责任担当。教师可以通过自我学习、教学研讨、会议培训等方式加强对党和国家相关政策

---

① 刘永欣（1990— ），女，黑龙江哈尔滨，博士，讲师，主要从事高维模型、稳健统计、大数据和异质数据分析等研究。

和重要会议精神的学习，提升自身思政素养。比如，通过多种方式学习党的二十大精神，在线上平台观看中国共产党第二十次全国代表大会开幕会和闭幕会，参加学院开展的党的二十大精神专题学习，聆听题为“学习贯彻党的二十大精神，全力提高人才自主培养质量”的主题报告。此外，还可以通过网络媒体报道时刻关注相关新闻，持续学习党的二十大精神。通过学习党的二十大精神，对党和国家对新时代高校高质量发展的要求有了更为直观和全面的认识。为此，高校教师要坚持学思用贯通、知信行统一，把党的二十大精神落实到今后各项学习和工作中。保证自身政治底蕴强、爱国情怀深、人格风气正、道德情操高，这样才能更好地为人师表，做学生知识学习、能力提升、思维创新、品格锻炼、价值塑造的引路人。

二、提高专业课教师课程思政教学设计能力

课程教学不但要注重学习者的基础知识掌握水平，更要重视教学中所蕴含的丰富人文情怀，把价值导向贯穿教育全过程，以提高教学的内在功能。按照《高等学校课程思政建设指导纲要》，从多角度提炼、深度发掘“抽样调查”课程中所蕴藏的思政切入点，并采用适当的方式寓思政特色于课程，把“三全育人”思政工作、立德树人理念厚植于课程教学实践中。下面从教学内容和教学方式两个方面阐述课程思政融入点。

第一，教学内容含义深远。将课程内容与习近平新时代中国特色社会主义思想和社会主义核心价值观等有机结合。比如在抽样调查的第一节课，教师可以向学生介绍我国的人口普查历史，通过播放视频和展示历史图片，向学生描述发生于1938—1946年在云南昆明呈贡文庙进行的人口普查。西南联大和清华大学的人口学家建立了现代中国人口普查的基本方法，保留了一系列调查与研究成果，成为我国社会学研究的经典范例，为当今学者研究人口普查提供了宝贵的资料。教师可以引导学生回忆当年学者在古老的文庙里，凭着松柏丛林的掩护，在敌机的盘旋下开展调查研究的情形。让学生体会这群有志青年在战争年代对统计事业的追求和奉献，他们用自己的专业知识为国家和民族贡献自己的力量，从而激发学生的学习动力。通过这段历史的回顾，将爱国情怀和对统计学专业的热爱融入课堂教学，提升教学内容的宽度、广度、深度和温度。

第二，教学内容贴近社会和生活实际。深入挖掘身边的思想政治教育因素，充实到课程中，比如在介绍普查的概念时，可以引入2020年我国开展的

第七次全国人口普查，向学生介绍人口普查知识，包括普查目的、调查对象、主要调查内容以及调查方法等。结合国家统计局 2021 年发布的《第七次全国人口普查公报》，展示人口普查结果的相关数据以及图表，包括全国人口情况、地区人口情况、人口性别构成情况、人口年龄构成情况等。同时，还可以介绍全国 1% 人口抽样调查，对比全面调查和抽样调查的概念、优点和缺点，加深学生对普查和抽样调查这两个概念之间区别和联系的理解。教师可向学生阐述本次人口普查的重要性，第七次全国人口普查是我国人口发展进入关键时期开展的一次重大国情、国力调查，通过人口普查可以全面查清我国人口数量、结构和分布，准确把握人口变化的趋势和特征，为编制“十四五”规划，推动高质量发展提供重要的信息支持。通过以上内容的介绍，学生能够深刻了解抽样调查课程在社会发展中的重要作用，激励自己将专业知识学以致用，增强社会责任感。

第三，创新课程思政方式方法。将教室小课堂与社会大课堂相结合，实现课程理论性与实践性结合的全过程育人。在抽样调查授课中期阶段，布置实践项目汇报作业，让学生分组进行实际数据的抽样调查项目，进行调查方案设计、调查问卷设计、抽样方法设计、估计方法设计等，结合具体的调研项目进行分析讨论。学生在期末时进行 PPT 汇报，汇报成绩作为总评考核的一部分。调查实践项目一般来自学生关心的校内或社会热点问题，让学生在实践历练中实现知行合一，在实践中锻炼动手能力、增长才干。

三、增强课程思政协同育人合力

学校思政教育的宗旨是各类教学和思政教育同向同行，形成协同作用。为此，高校要全面融合专业课教师、思政教师、辅导员和学校党政领导干部等多种力量，促进教师形成不同专业背景互为依托、良性互动的课程思政工作教学群体，建立优势互补的协同教育合力。重视搭建教师思政教学合作交流互助体系，鼓励在优秀思政教师与专业课教师中间进行定期或不定期的课程讨论与交流，任课教师之间集思广益联合备课，形成良性的课程思政工作教学环境。共同总结先进的课程经验和研究成果，宣传教学思政工作先进典型和特色教学方法，帮助专业课教师迅速发展。笔者担任专业课教师的同时也担任本科生班主任工作，除了在课堂上注重提炼课程思政元素外，在学生工作中也时刻遵循将价值引领贯穿教学全过程的原则。将统一部署与特色活动相结合，联合书院举办一些蕴含思政元素的集体活动，如红歌合唱大赛、回顾历史上的今天、时政新闻速递等，通过多种形式提高学生的政治思想觉悟。教师应经常与学生沟通交流，充分了解他们的所思所想，对不同学生有针对性地加以思想教育，在每一次谈话、每一次班会、每一次分享中融入社会主义核心价值观，实现全程育人、全方位育人。

四、结语

高校教师是开展思政教学工作的关键，专业课教师思想政治工作水平的提高，是学校学科思政教学工作高效开展的关键保证。身为高校教师，要按照培养任务，根据学科的专业特点、教学特色和能力特征，把思政教学工作与学科教育有机融合。在“抽样调查”课程教学过程中，挖掘课程内容与思政教育的结合点，在教学的各环节中融入思政元素，以“润物无声”的方式将德育思想融入教育教学全过程。“士不可以不弘毅，任重而道远”，让我们肩负起时代使命，在“新文科”建设中做好课程思政，立足我国实际，用心教书育人，共同传递正能量，同圆中国梦！

参考文献

[1] 金勇进，杜子芳，蒋妍．抽样技术［M］．（第四版）．北京：中国人民大学出版社，2015.

[2] 李春平．“抽样调查”课程实践教学的改革与探讨［J］．中国电力教育，2014（9）：129－131.

[3] 张庆红．抽样调查课程教学改革探讨［J］．现代商贸工业，2014（7）：128－129.

[4] 李楠．课程思政改革下的抽样调查教学设计［J］．教育教学论坛，2020（18）：2.

[5] 董珍．课程思政融入“抽样调查”的教学设计［J］．科教导刊，2022（8）：84－86.

[6] 彭娟．《抽样调查》课程教学中的实践环节设计［J］．教育教学论坛，2015（5）：3.

[7] 朱松．《抽样调查》课程教学能力提升探索［J］．教育现代化，2018，5（52）：96－97.

南审统计学科高质量发展的几点思考

周兴才[①]

数据是战略资源已成为全球共识，而统计是数据分析的重要工具和方法，对社会发展的各类数据的解释和揭示尤为重要，也是一个方法论的科学。在当今大数据时代，数据的规模和复杂度不断增加，这为统计学科的发展提出了更高的要求和挑战。南审的统计学科虽然已经走在学校各学科发展的前列，但还需要及时跟紧时代发展，不断加强统计学科的研究和人才的培养，为数据分析和应用的发展提供更加有力的支持和服务。那么，在当前时代背景下，怎么发展好我们的统计学科，保持发展的态势，已然成为统计与数据科学学院师生关心的问题。

当前和长远是辩证的统一，互为条件、相辅相成。落实我们南审统计学科确定的目标任务，强调“既要狠抓当前，又要着眼长远，多办打基础、利长远的事”。实现高质量发展目标，指出“既要立足当下，一步一个脚印解决具体问题，积小胜为大胜；又要放眼长远，克服急功近利、急于求成的思想”。首先说说我们的当前现状，南审统计学科 2014 年在应用经济学科下招收统计学硕士生，2017 年获批统计学一级学科硕士学位授权点，2021 年获批统计学一级学科博士学位授权点。本学科是江苏省“十二五”“十三五”规划重点建设学科，并入选“十四五”规划省重点 A 类学科（优势培育学科），我们的统计学科大致也已走到了全省的前列。但从长远来看，我们的学科发展还得加强，总感觉力道不够、后劲不足，与国内统计学强校相比，我们统计学在国内的影响力微乎其微、贡献微小。建设好一个学科或者一个专业都不是一件容易的事，需要大家群策群力、共同努力，争取每个老师都参与贡献智慧。而在这个信息化、数字化的时代，数据已经成为推动社会发展的重要资源，南审的统计学科更需要积极适应时代的变化，顺应时代发展的趋势，

① 周兴才（1974— ），男，安徽当涂，博士，教授，主要从事统计机器学习和数理统计等研究。

面对挑战，不断创新，只有这样，才能在未来的竞争中占据一席之地，为实现中国梦贡献力量。因此，我们更需要思考我们统计学科的发展之道。

一、与时俱进加强统计学自身方向的建设

自我革命永远在路上，决不能有松劲歇脚、疲劳厌战的情绪，必须持之以恒推进新的发展。现在我们有数理统计学、社会统计学、金融统计和风险管理与审计大数据统计四个方向。由于自身主要从事数理统计学方向研究，下面就从数理统计学出发，说说自己的想法。数理统计学是统计学的一个重要方向或者说分支。以概率论为理论基础，统计方法为核心技术，统计软件为主要计算工具，对受随机因素影响的不确定性现象进行大量的观测或试验，以有效的方法获取样本、提取信息，进而对随机现象的统计规律作出推断。数理统计学方向也是我们的优势方向。我们应该继续深耕数理统计理论和方法，其是数理统计学研究的根基。尽管我们也把数理统计与统计机器学习结合起来做研究，但总觉得数理统计本身的理论和方法研究还是要放在一线的位置。我们的数理统计理论和方法研究还是要加强和坚持。现在国际统计学期刊数理统计理论与方法的文章刊发还是主流，尽管受到了统计机器学习一些重要理论研究文章的冲击。另外，数理统计的理论和方法研究在国内深受数理统计专家的青睐，这让他们对我们统计学科的认可起到很大的作用。如果这块我们都丢了或者少有成绩，这对南审统计学科的发展和口碑是不利的。我们需要更多的年轻学者从事数理统计的理论与方法研究，并发表重要的研究成果。尽管一般层次的高校在统计四大刊发表成果很难，可以自上而下投稿，研究成果总是有出处的，也可以放在网上，这些研究会扩大南审统计的影响。另外，现在统计机器学习的研究很热，就像明星，用不了几年它就会冷却，回归本分，因为数理统计的理论与方法研究是统计机器学习的基石，没有创新的基石就没有创新的统计机器学习方法和理论。总之，我们需要一部分老师坚持统计学的本分研究：理论与方法研究。只有加强统计学自身方向的建设，才能经受住新时代带来的挑战和机遇。

二、加强统计学的交叉研究建设

立足新时代，推进学科交叉融合，对于探索科技创新前沿，推进我国科技强国建设具有重大意义。这是从数理统计学方向出发给予陈述，当然我相信其他方向也有这样的需求。正如前文所说，统计学与人工智能的交叉越来

越潮流，也就是我们所说的统计机器学习，这也是统计学大有作为的地方，前景广阔、应用广泛，学生好就业并有良好的报酬。统计学习的主要特点是以数据为研究对象，使用数据驱动的研究方法，需要借助计算机及网络为平台，利用统计学知识对数据进行统计建模后对数据进行预测与分析，它以统计方法为中心，集概率论、统计学、信息论、计算理论、最优化理论及计算机科学等多个领域的交叉学科，目前正逐步发展形成独自的理论体系与方法论。重点是统计学习研究的对象是数据，而当今时代数据无处不在，我们也知道数据蕴含价值，这个价值不仅包含商业价值也有社会价值，可以很好地进行社会治理和提升民生福祉。它从数据出发，提取数据的特征，抽象出数据的模型，发现数据中的知识，又回到对数据的分析与预测中。我们正处在大数据时代，数据是多样的，包括存在于计算机及网络上的各种数字、文字、图像、视频、音频数据等。统计学习已被成功地应用到人工智能、模式识别、数据挖掘、自然语言处理、语音处理、计算视觉、信息检索、生物信息等许多计算机应用领域中，并且成为这些领域的核心技术。在新时代新挑战下，单一学科的知识、方法、工具等已不足以破解重大难题，而不同学科之间的交叉融合往往能孕育出新的学科生长点和新的科学前沿，也最有可能产生重大突破，发生革命性的变化。

三、促进统计学科与其他学科的交叉融合

学科间交叉融合可以推动不同领域知识相互渗透，催生新学科生长点，乃至形成新研究范式、新理论体系以及新兴交叉学科。为了强化我国学科交叉以及寻求新科研范式变革的科技发展新态势，2020 年 3 月 23 日，中央机构编制委员会办公室向国家自然科学基金委下发了《中央编办关于国家自然科学基金委员会设立交叉科学部的批复》（中编办复字〔2020〕46 号）文件，交叉科学部于 2020 年 11 月正式成立。统计学的理论与方法和机器学习、人工智能的交叉融合研究是当前统计学的生命力之一。所以，我们需要部分老师从事统计机器学习和大数据的研究工作，参与国内本学科的统计机器学习方向的研究，基本跟上，不至于没有，要让国内统计专家学者知道南审也有一支不错的统计机器学习和大数据分析的研究队伍。这对我们统计学学科的发展是有益的，这支队伍的建设和培养对学生的培养也是至关重要的。面对日新月异的现实大数据，过去常规的思维方法与多元分析的方法不断受到冲击。统计机器学习立足于真实情景的问题解决，能使学生主动发现新问题，提出

新观点、探寻新规律，对发展学生的批判性思维、创新能力等方面有很强的立体感，学生更有兴趣；另外，结合机器学习技能和动手能力的培养，可有效实现产教融合与领域问题驱动的深度融合，能够有效地帮助学生将学习内容应用到项目实践中，能发现数据深层次信息和数据价值。这些知识对学生培养是有益的，无论从思维上还是动手能力上。数据分析技能目前社会需要很大，前景光明。只有建设一支较成熟的统计机器学习队伍，我们才能培养出更出色的学生。目前，我们有些统计机器学习的人才，但还没有形成成熟的团队，需要进一步的建议和培养。只有深刻认识并牢牢把握学科交叉融合这个大趋势，才能在未来竞争中抢占先机。对学科交叉融合的重视并大力支持交叉科学研究，才能实现高水平创新成果的不断涌现。

四、建设一支适用统计学科发展的人才队伍

学科发展在于人才，而人才的建设至关重要。党的二十大报告指出“深入实施人才强国战略。坚持尊重劳动、尊重知识、尊重人才、尊重创造，实施更加积极、更加开放、更加有效的人才政策。着力形成人才国际竞争的比较优势。加快建设国家战略人才力量。深化人才发展体制机制改革，把各方面优秀人才集聚到党和人民事业中去”。对我们来说，我们需要集聚统计方面的优秀人才到南审统计学科建设上来，需要“内培外引”。“外引”优秀的成熟的人才是必要的，这里就不多说了；“外引”优秀的博士，我们一直在做。关键是“内培”，怎么“内培”是我们所要思考的，也特别是院领导要思考的。学院要真心爱才、悉心育才、倾心引才、精心用才，也要尊重劳动、尊重知识、尊重人才、尊重创造，积极营造鼓励人才干事业、帮助人才建设统计学科的良好环境，促进人才充分涌现，为人才提供施展才华的舞台，让人才尽展其能、竞相成长。我们再说说“内培”。我们也不能存在重视引进人才、忽视培育人才。人才培育是当前学院的一件大事，因为我们近几年还是引进了一些优秀的青年才俊，只有加强培养才能使他们进步，才能支撑统计学科的发展，否则他们会被平庸化，到时反而成为学院的负担；培养他们也是对他们和学院发展负责任的行为。我们的统计团队应以科研创新为目的，围绕共同科研目标，由若干研究方向互补的科研人员组成，分享研究成果和最新研究进展，团队成员之间密切学术交流，共同攻克科研难题。高水平的科研团队可以产出高质量的科研成果，并能培养出高水平的青年人才，对南审创新型统计学科建设具有重要的推动作用。根据科研方向，选择团队成员，

要充分发挥成员的能力与个性，形成成员科研各方面能力互补，学术带头人、科研骨干和成员搭配结构合理，团队要保持相对稳定。建立的统计科研团队鼓励和支持团队成员相互之间开展科研合作，展开深入的学术交流与合作，摆脱孤军奋斗的传统方式。长期坚持会增强团队的整体实力和科研水平，同时也会产生更多、更高水平的学术成果。

五、结束语

首先，统计“必须坚持问题导向”。党的二十大报告提出“问题是时代的声音，回答并指导解决问题是理论的根本任务。今天我们所面临问题的复杂程度、解决问题的艰巨程度明显加大，给理论创新提出了全新要求”。南审的统计学科也是这样，我们必须坚持问题导向。一是统计的发展在于实践，从社会、经济、民生等数据出发，让数据说话，说真话、说事实，推动社会经济发展。二是统计监督。对社会、经济等各方面产生的数据进行监督，监测国民经济运行，及时发现问题、报告问题、解决问题。目前，南审统计学科有哪些被制约发展的问题，有哪些“短板”，也需要大家思考、定准、解决。应及时调整步伐，不能错过发展的大好时机。其次，坚持统计学科人才培养、发展和引进。党的二十大报告提出“教育、科技、人才是全面建设社会主义现代化国家的基础性、战略性支撑。必须坚持科技是第一生产力、人才是第一资源、创新是第一动力，深入实施科教兴国战略、人才强国战略、创新驱动发展战略，开辟发展新领域、新赛道，不断塑造发展新动能、新优势”。我们也要坚持“人才是第一资源”，管理好、培养好、运用好现有学院内的统计学科人才是第一要务。

责任在心，呼唤踔厉奋发、勇往直前。既谋划长远，又干在当下、化解突出矛盾，我们一定能推动实现南审统计学科的高质量发展，把自身潜力更加充分释放出来，交出一份满意的发展答卷。

参考文献

［1］刘雷．推动学习贯彻党的二十大精神在高校走深走实［J］．当代贵州，2023（Z1）：80－81.

［2］胡也．数理统计学的发展及应用研究［J］．青春岁月，2011（22）：234.

［3］何媛媛．时代背景下大数据和统计学的分析与思考［J］．财经界，

2020（17）：253－254.

［4］戴亚飞，杜全生，潘庆，等．探索中前行的交叉科学发展之路［J］．大学与学科，2021，2（4）：1－13.

［5］雷宇，汪少冲．实施科教兴国战略 强化现代化建设人才支撑［N］．开封日报，2023－01－06（004）.

［6］张萍，徐赟．应用型高校科研团队建设存在的问题及对策研究［J］．科技智囊，2020（8）：43－45.

［7］翟大彤，康淑瑰．地方高校科研创新团队建设存在的问题及对策研究［J］．教育理论与实践，2020，40（18）：47－49.

［8］姜颖南，伍玉林．我国高校科研团队建设的问题及对策［J］．广州番禺职业技术学院学报，2011，10（1）：45－49.

［9］蒋四华，黄群俊．地方高校创新型科研团队建设存在的问题及对策——以长江大学为例［J］．长江大学学报（社会科学版），2015，38（11）：70－72.

［10］本刊评论员．坚持问题导向，不断推进马克思主义中国化时代化——学习贯彻党的二十大精神［J］．智慧中国，2023（1）：4－6.

［11］王立胜．问题意识及问题导向的科学逻辑［J］．人民论坛，2022（18）：22－27.

［12］段从宇．中国式现代化进程中教育、科技、人才一体推进的理论逻辑与实施路径［J］．学术探索，2023（3）：124－128.

“统计调查与数据采集”课程思政教学的新探索

卢　燚[①]

一、引言

在2020年6月教育部印发的《高等学校课程思政建设指导纲要》（以下简称《纲要》）中提出，理工类课程要把马克思主义立场观点方法的教育与科学精神的培养结合起来，提高学生正确认识问题、分析问题和解决问题的能力。《纲要》给理工类课程思政建设提供了重要的参考依据，同时也为同类型课程的思政建设指明了方向。“统计调查与数据采集”作为应用统计专业硕士的必修课，在统计相关专业中处于基础的地位。“巧妇难为无米之炊”，做数据分析必须要先有数据，本课程为数据分析工作中的数据采集环节打下了坚实基础。本课程也专门针对学生就业找工作的过程中常见面试问题设计了相关章节，不断将新的技术引入课堂，常教常新，旨在让学生踏出学校的时候还能掌握当时最新的技术。

对课程思政的研究是比较多的，主要集中在几个方面。课程思政的理论研究是其中一个重要主题。另一些研究关注某一门课程或者学科的课程思政设计方法。本文的目的是分析在授课过程中的课程思政设计方法，并给“统计调查与数据采集”提出一些可参考的经验。

二、统计调查与数据采集课程大纲及特点

（一）课程大纲设计

统计调查与数据采集课程的内容主要集中在数据采集中，而从数据采集的来源讲，可以分为多种类型，有原始网页、整理好的数据集、已有数据库、免费或付费的API接口等。因此，在编排课程内容的时候，要兼顾各个方面，

① 卢燚（1987— ），男，辽宁沈阳，博士，讲师，主要从事机器学习相关理论和应用研究。

把每个部分都要讲到，让学生理解并且会用工具操作数据集。

课程中对于每一类数据来源采取了不同的办法对待。原始网页爬虫是最重要的一部分，其中还有三类不同的爬取方式，会花大量课时讲解。整理好的数据集只需简单介绍，让学生需要的时候有迹可循，直接下载使用即可。使用已有数据库需要对数据库有一定的了解，由于学生在本科阶段的数据库基础很少，有些学生并没有接触过数据库，因此，讲课的时候需要单独拿出一次课来讲数据库的知识，介绍不同类型的数据库，并提供两种操作数据库的方式。对于第三方提供的 API，我们会拿免费的 API 介绍如何使用，也会用 flask/fastAPI 等第三方库来演示 API 的编写和调用，介绍 API 是怎么来的，你怎么去使用。

爬虫程序的编写方法有很多，我们会将这些方法分成三类：

（1）使用 Requests 和 Beautiful Soup 4 第三方库编写爬虫。

（2）使用 Selenium 测试框架编写爬虫。

（3）使用 Scrapy 框架编写爬虫。

课程安排 17 周，每周 3 课时，分理论课和上机实验课，结合上述考虑，经过两年的上课实践，作者编排出以下课程大纲：

课程内容	周次	课时
第一章：课程介绍：（1）数据采集基础；（2）网页数据采集技术架构；（3）Python 语言回顾与环境配置；（4）爬虫相关法律介绍	1	3
上机实验课	2	3
第二章：Web 与网络知识入门：（1）HTML 语言规范；（2）编码体系与转换；（3）DOM及其解析技术，使用 Beautiful Soup 4 库 4CSS 选择器及在 Beautiful Soup 4 中的用法	3	3
上机实验课	4	3
网络基础及网页下载技术，使用 Requests 库第三章：简单爬虫技术：（1）Chrome 开发者工具的使用方法；（2）分析并解析静态网页	5	3
上机实验课	6	3
动态网页介绍；动态网页内容提取；网络 API 的介绍与使用	7	3
上机实验课	8	3
第四章：数据库知识：（1）数据库概述；（2）SQL 语句与关系型数据库，以 MySQL 为例；（3）非关系型数据库，以 Mongo DB 为例	9	3

续表

课程内容	周次	课时
上机实验课	10	3
第五章：Selenium 的使用方法：（1）测试框架 Selenium 的介绍与配置；（2）使用 Selenium 编写爬虫；（3）Selenium 衍生工具的介绍	11	3
上机实验课	12	3
第六章：使用 Scrapy 框架编写爬虫：（1）Scrapy 框架的原理；（2）使用 Scrapy 框架编写爬虫	13	3
上机实验课	14	3
第七章：学生作业展示与课程总结	15 ~ 17	3

经过这样的编排，学生可以掌握网页、网络和数据库的基础知识，对软件技术的框架有所理解，也能够轻松上手用 Python 编写一些爬虫获取数据，并且抓取的数据可以用来做进一步的数据分析，是科研工作的辅助。

在学校里真实授课两个学期之后，作者决定把其中讲得精彩的爬虫部分凝练出来，放到在线平台上，做成一门短课程。一方面是在教学实践中的经验总结，另一方面方便更多的数据研究工作者快速上手爬虫技术。现在，课程可以在集智学园上看到，课程名字是"给数据相关工作者的爬虫课"。

该课程大纲充分考虑到学生的需要和该专业学生的科研与就业需要，能够让学生学得会、用得上，掌握一定的数据技能和软件技能。

（二）课程特点

本课程主要面向应用统计专硕等统计类学生学习，因此和纯编程课略有不同。统计类的学生理科功底比较好，因此课程要有很强的逻辑性来适应学生的需求。考虑到学生的计算机基础不是很好，因此在设计案例的时候，我们会重点考虑讲案例简化，只关心抓取数据这个核心的部分，数据的处理在学生需要的时候再去补充。

我们每一个案例的核心代码只有几行到十几行，同时结合 Python 语言天然的易读性和网络相关库的丰富性，几十行代码就可以作出一个明朗的案例来，课程案例讲究"短平快"。在每节课上都会反复使用页面提取的技术，学生只要自己去学着分析网页，多次训练，不断试错，一定也可以快速抓取网页内容，写出代码来。

将学生分成小组，学生 1 ~ 3 人自由组队，课程作业按照小组为单位提交。安排一次简单的爬虫编写，让学生在"做中学"，通过不断试错掌握编写代码的方法，理解性学习。再安排一次使用 Scrapy 框架的爬虫作业，让学生迅速理解掌握该框架的用法。两次作业的内容让学生自行选择，只对工作量做要求，不能太少，教学实践显示这种开放式作业能激发学生的学习兴趣、让学生写的作业内容更有实际意义。

课程最后三周的汇报环节，安排小组汇报。在每组学生做完大作业之后，让他们自己讲讲做的内容，并进行评分，既了解了学生的掌握情况，也摸清了学生的工作量，同时能够发现一些很有想法的学生，让课程活起来。课程的所有课件和代码，都会随着每次的上次共享到外部的代码托管平台，比如国内的 gitee 平台，最后的小组汇报内容也一并提交到该平台上，这样就顺带着教了代码托管工具 git 软件的使用。

如果有条件，也可以邀请业界的人士来讲一次课，讲一个软件中的小技术，然后借此机会让学生们多多提问，了解软件开发人员的工作情况，也能够做好学生和企业界的衔接。讲的内容不重要，主要目的是让学生打开眼界，提早了解业界的情况。

三、统计调查与数据采集课程思政设计与挖掘

（一）引导学生从职业道德和社会责任的角度理解信息技术应用

数据采集尤其是网络爬虫采集数据后的使用，在实践中是有一定的法律、法规的。作为一门技术课程，我们可以爬取网上的公开资源，但是仅限于对数据的获取。如果想对数据进行使用，比如商用，则需要得到进一步的授权，比如需要得到网站的同意，否则该行为就有一定的法律风险。分析数据所隐含的行为是可以的，但是将其发布出去，也需要一定的授权。

在做爬虫的时候，也一定不能影响网站的使用，不能因为访问过多过快导致网站出现拒绝服务等错误，否则将会被认为是恶意对网站进行攻击，是要负刑事责任的。这个时候，我们就要在每两次请求网站之间做一些间歇，让服务器可以正常运行。

对于上述问题，一定要在课程开头就慎重地提出，对学生正确使用爬虫工具做积极引导，不要以“技术是无罪的”这种理由麻痹自己的思想，更不能无视这些问题去做违法犯罪的事情。

（二）爬虫不存在银弹，引导学生养成具体问题、具体分析的思维

讲起爬虫技术，如果不谈论它是什么，有些同学会以为它是一个工具，你把网站链接放进去，然后就自动把所有结果提取到了。其实不然，我们并

没有这样一种万能的工具来做这件事情。即便是使用 Open AI 的 ChatGPT 聊天软件，也只能对其中一部分精彩被作为例子的网站进行爬取数据，而且需要我们整理返回的结果、修改其中的 Bug 才行。

可见，对于爬虫软件，并不存在一个万能的方法，即不存在银弹。实际上，我们在教爬虫的时候，也只是通过一个个不同类型的例子来启发学生，用好手上的工具，具体问题具体分析，而不是期待一劳永逸的解决方案。要知道，轻易可以得来的东西，可能会在将来成为你前进的绊脚石，要不断磨砺自己的意志，时刻准备着去迎接不确定性的挑战。

对此，还可以从另一个角度来思考。一个工具，如果写的代码比较少，往往功能也会比较少；相反，如果写的代码比较多，往往会具有更多的功能。想要解决大多数问题，要么写了很长的代码，付出了很多的工作量，要么是经过了长期深入的思考，具有极高的抽象程度。一段爬虫程序只是用工具对一个页面做了提取的工作，自然就不会具有更高的广泛适用性。

（三）从爬虫技术的本质理解引导学生做事情抓住主要矛盾，培养科学精神

在教学中，我们还要回归根本，去领会爬虫程序从根本上解决的问题，所做的工作。爬虫程序从根本上是做页面上数据的提取，并收集保存起来。因此，爬虫所做的工作主要有两部分，分别是通过爬行策略爬取网页和网页解析。

我们可以看到，在课程中讲授的三种爬虫方式，即使用 Requests 和 BeautifulSoup4 第三方库编写爬虫、使用 Selenium 测试框架编写爬虫、使用 Scrapy 框架编写爬虫，都离不开这种思维。第一种方法是纯手工，最常用，爬行策略和网页提取都是自己做。第二种是第一种方法的补充，爬行策略变成了模拟浏览器的行为，网页提取依然要自己做。第三种则是将爬行策略的调度部分交给 Scrapy 框架来做，自己关心网页提取的部分，和接下来去爬取哪些网页。

因此，无论使用哪种方法来编写爬虫，所使用的背后逻辑都是同一套，有了这个逻辑，我们使用不同工具的时候就可以自由切换，得心应手。这也提醒我们在做研究过程中，要先理解问题的本质，先自己理解，再去教学生。不断提高学生正确认识问题、分析问题和解决问题的能力，培养学生的科学精神。

（四）教育学生理解框架的哲学思想

在软件编程中，如果我们想编写一个大型程序，比如一个网站或者一个

手机应用，我们往往不会自己从零开始写，而是要基于一个框架来填充内容。比如 Web 中，最常用的是以前称作 MVC（现在叫作 MVVM）的模型搭建的框架。有了这种框架，开发者就可以把较少的精力花在相同的代码上，而把主要精力花在具体问题的细节上。这种现象有一个名字，叫作“不要重复造轮子”。

本课程讲授的 Scrapy 框架，把爬虫中爬行策略的调度问题、网页提取的后续转发等大量重复的工作做了抽象，用户只要关注网页数据内容的提取和数据的转存上。这样做就大大减少了编写程序中会出现的问题，提高了研发效率。

框架的哲学思想，充分体现了矛盾普遍性与特殊性的关系。对于框架，共同的部分是不变的部分，具有普遍性。但是一个框架又不能直接解决所有问题，需要每一个问题单独来编写适应的代码，这就体现了矛盾的特殊性。不同问题中相同的部分，可以不断凝练和提取，相同的部分如果有特殊需要，可以进行进一步的定制化，这就代表了矛盾的普遍性和特殊性可以相互转化。

四、统计调查与数据采集课程思政建设特点与创新点

本文深入研究了统计调查与数据采集这一门应用统计研究生必修课的课程设计、课程特点与课程思政设计与挖掘的思路。所提到的方法适用于理科专业的编程相关的课程教学，同时也为编程相关课程的课程思政教学提供了一些可参考的地方。主要的创新点主要有四点。首先，通过对爬虫技术合法性的理解，引导学生具有职业道德和社会责任，正确使用工具。其次，通过对爬虫工具不具有万能的这一特点，教育学生要具体问题具体分析，培养不断迎接新的挑战的勇气和能力。再次，通过讲授爬虫技术的本质，培养学生对科学的钻研精神，不光浮于表面还要探究精髓，才能作出创新。最后，要通过学习 Scrapy 等框架，理解框架背后矛盾普遍性和特殊性的哲学思想。

参考文献

［1］教育部．教育部关于印发《高等学校课程思政建设指导纲要》的通知［EB/OL］．（2020－05－28）［2023－02－08］．http：//www.gov.cn/zhengce/zhengceku/2020－06/06/content_5517606.htm.

［2］王方，柴建，王燕妮．高校教师课程思政的难点、方法与对策［J］．高等工程教育研究，2023，198（1）：122－127.

[3] 范卿泽，黄艺，蒋凯．课程思政政策内容特征、工具偏好及优化建议 [J/OL]．重庆高教研究：1 – 12 [2023 – 02 – 08]．http：//kns. cnki. net/kcms/detail/50. 1028. G4. 20230111. 2320. 002. html.

[4] 王娟，杨英歌，于秋菊，等．高职院校课程思政建设的内涵及路径研究 [J]．工业技术与职业教育，2022，20（6）：54 – 57.

[5] 李静．课程思政视域下开放大学教师数字胜任力实证研究——基于广东开放大学体系 277 名教师调查数据分析 [J]．南京开放大学学报，2022（4）：28 – 35.

[6] 李德才．系统推进高校课程思政建设的几个问题 [J]．合肥学院学报（综合版），2021，38（6）：120 – 124.

[7] 薛俊祥，陈林涛，蓝莹，等．课程思政融入“工业机器人”课程教学的改革与探索 [J]．职业技术，2022，21（12）：1 – 9.

[8] 王琼，秦汉雨．经济学课程思政：目标、路径与效果评价 [J]．湖北经济学院学报（人文社会科学版），2023，20（1）：141 – 144.

[9] 冯斌，冯玲，段西强，等．网络安全技术课程思政教学探索与实践 [J]．软件导刊，2022，21（11）：182 – 187.

[10] 王会花，施卫萍．外语专业课程思政教学改革实践路径探析 [J]．外语界，2021（6）：38 – 45.

[11] 集智学园．给数据相关工作者的爬虫课 [EB/OL]．（2022 – 11 – 04）[2023 – 02 – 08]．https：//campus. swarma. org/course/4815.

[12] OpenAI. ChatGPT. [EB/OL]．（2022 – 11 – 30）[2023 – 02 – 08]．https：//openai. com/blog/chatgpt/.

《时间序列分析》中的辩证唯物主义及其在“思政”教育中的作用

李　军①

一、辩证唯物主义的主要观点

辩证唯物主义认为物质（客观存在）决定意识，意识能正确地反映物质、认识物质，并对物质具有一定的反作用。客观世界是一个广泛联系的世界，时刻变化的世界，所以需要我们从事物间的联系中去寻求事物间的规律；并且这种规律是变化的、是动态的，要用发展的眼光看待事物。时间序列分析以事件发生时间为顺序的数据作为研究对象，从历史的数据中提取事物发展的规律，最后将该规律应用于推测事物未来发展的趋势。时间序列分析的出现和发展完全符合辩证唯物主义的关于认识事物规律的观点，在经济、金融、农业、工业、医学等领域有着非常重要的应用。

二、时间序列分析中的辩证唯物主义

时间序列的起源，最早可以追溯到古埃及时期。当时，人类社会还处于农业时代。农业生产在整个人类社会的活动中占据着非常重要的地位。为了便于灌溉，古埃及大部分农田位于尼罗河的两岸。但是，尼罗河的水量会随着季节的变化有涨有跌。当河水退去，有大片肥沃的土地露出水面，这是农作物生长的最好土壤。尼罗河水位的涨落影响着农产品的种植和生长。通过长时间的观察，人们记录下尼罗河河水涨落的情况，并从中发现了河水涨落的规律，用此规律去指导农业生产。在中国古代，人们也通过有关时间的现象总结用于指导农业和商业。根据司马迁《史记·货殖列传》记载，范蠡对粮食作物的产量总结出“六岁穰，六岁旱，十二岁一饥”的规律。根据该规律，他提出“平粜法”来稳定粮食的价格。他指出，在丰年里政府应该收购

① 李军（1976—　），男，重庆，博士，讲师，主要从事数理统计非参数函数估计研究。

粮食，防止粮食价格过低，损害农民种粮积极性；荒年时，政府应该抛售粮食，防止粮食价格过高，以此稳定粮食价格。18 世纪时，英国天文学家赫歇尔对太阳黑子和降水量之间的关系进行研究发现，当太阳黑子少时，降雨量会下降。而太阳黑子的活动周期近似 12 年，这就为范蠡的经验总结提供了一个合理的解释。在以灌溉为主的古代农业生产中，降水量对农作物生产有很大的影响，而降水量是受太阳影响的，所以，古代农作物的产量在很大程度上取决于太阳黑子的数量。

对尼罗河河水涨落的观察、粮食产量的记录，以及太阳黑子数量的总结，就形成了时间序列分析的重要研究对象——时间序列。时间序列是客观存在本质规律的一种体现形式，所以时间序列的产生依赖于我们观测的客观存在，它也必然带有客观存在的特定规律，但是这种规律是以数据形式体现出来的。数据是带有特定信息的数字，数据所带的信息有一个非常突出的特点就是碎片化，部分数据或单个的数据只带有对象的部分信息。最初，人们对数据中所含的信息提取更多的是基于感性认知。这种感性认知，对于数据中的简单信息或周期性比较强的信息是容易把握的。对于复杂信息，或者当数据量比较大时，或者产生数据背后的机制比较复杂时，如金融时间序列，感性认知就有点儿力不从心了。这时，统计的方法孕育而生。统计模型能提取数据中的复杂的碎片化信息，使人们对数据信息的认知从感性上升到理性。数据中含有事物的本质规律，统计模型是认知这种规律的一种方式，属于意识范畴。意识认识事物是一个从简单到复杂，并且不断发展的过程。时间序列的统计模型的发展历史，正好说明了这一点。

在很长的一段时间里，对时间序列的认知一直停留在感性认知阶段，主要是因为时间序列本身的复杂程度和随机性的影响。随着近代概率论的发展，以及现代统计方法的出现，关于时间序列的统计模型逐步被提了出来，并且得到了长足的发展。关于时间序列的模型发展，可以分为两条主线，一条是频域分析方法的发展，另一条是时域分析方法的发展。

频域分析法主要源自对周期性时间序列的研究。随着近代傅里叶分析的发展，人们发现函数可以分解为一系列周期函数的叠加形式。本身就具有周期性的数据，如果用傅里叶级数去描述，就可以达到一个比较好的效果。频域分析法主要集中在提取数据确定性的特征上，例如周期性、平稳性，所用到的都是比较复杂的数学工具，结果也比较难以解释。

对于时间序列中的随机性特征的提取就更多地落在了时域分析法上。尤尔（G. U. Yule）被称作时域分析法的奠基人。将当时发展得比较成熟的统计学中回归的思想应用于时间序列，尤尔于1927年正式提出了二阶和四阶的自回归模型。现在我们看二阶和四阶的自回归模型属于很简单的时间序列模型，但是在当时这个模型具有划时代的意义。自回归模型将人们对时间序列中随机现象的认知提升到了一个更高的层面。自回归模型不同于频域分析法，具有模型简单的特点，能够利用时序中前序时序的随机性刻画后序时序的随机性。这种模式，为时序的预测奠定了重要的基石。这就打通了现在和未来的路径，使我们可以利用已经发生的事件窥探到未来事件的端倪，随机不是随意的，而是有规律可循的。这是以前任何方法办不到的事情，就这一点来讲，这是一个极大的创新。尤尔的模型被英国气象学家沃克推广到一般自回归模型，并用于气象研究及天气的预测。斯卢茨基在研究某些经济现象时发现，商品的价格除了受本身价值的影响外，还会受到其他因素的影响，如原材料价格的变化、需求的变化等。人们能看到的是商品价格在不停地波动，如果我们把商品价格看作一列随机变量，影响因素看作一列变量，影响因素可以对商品价格施加影响。斯卢茨基（Slutzky）认为，这个问题的本质是一列随机变量可以产生另外一列随机变量，从而提出移动平均模型。移动平均模型的提出，使人们看清楚了两列随机变量之间的联系，为研究复杂经济现象开辟了一条新的道路。沃尔德在研究中发现，一列时间序列有可能同时受自身和外在因素的影响，从而提出自回归移动平均模型，这是自回归模型和移动平均模型的结合。至此，时域分析法可以对平稳时间序列进行建模，但是无法解决非平稳时间序列的建模问题。此时，数学中的化归思想就起作用了。人们想到的第一个方法就是能否把非平稳序列变为平稳序列，如果可以，非平稳序列的建模就可以转化为平稳序列的建模，问题就得以解决了。针对其中一类非平稳序列，可以通过差分运算，将非平稳序列转化为平稳序列，差分自回归移动平均模型就这样被提出来了。

借助于概率论，人们把时间序列看作随机变量序列。自回归移动平均模型主要集中于随机变量序列中均值信息的提取。而对一个随机变量来讲，除了均值特征外，还有一个非常重要特征，就是方差。从某种意义上讲，方差更能体现随机变量的随机特征。在金融领域，人们往往把方差看作风险的一种度量方式。均值—方差模型是一个非常著名的投资组合模型。均值体现了期望收益，方差体现了获得期望收益的可能性大小。根据切比雪夫不等式，我们知道方差越小，取得均值的可能性越高，风险越低；反之，方差越大，取得期望的可能性就越低，风险越大。人们在使用自回归移动平均模型去提取金融数据中的有用信息时，发现模型并不能很好地解释一些金融现象。进一步的研究发现，主要的原因是自回归移动平均模型对金融数据信息的提取不够充分，忽略了对随机变量方差信息的提取。在金融领域，市场的变化很快，在不同时期，每一种金融资产应该具有不同的风险。针对这个问题，恩格尔提出了异方差模型，把方差也看作时序，也就是市场在不同时期所体现出的风险应该不一样。这样的处理和描述更加符合金融市场本身的规律，较好地解决了某些金融数据的建模。异方差模型被拓展为广义异方差模型，在金融领域有着广泛的应用。

异方差模型虽然考虑了风险不断变化的金融市场，但是由于金融市场的复杂度高，其期望收益也可能出现剧烈的变化，此时再用一般的线性模型就不能解决更复杂的时间序列的建模问题。自回归模型、移动平均模型、自回归移动平均模型以及异方差模型都属于线性模型。为了解决部分非线性时间序列的建模问题，华裔学者家汤家豪给出了门限模型，该模型将利用分段线性模型去模拟变化较大的金融市场，在经济金融领域得到了很大的认可。解决非线性时间序列的另一个方法是利用非参数的统计方法，让数据“自己讲话”，说出自己所含有的信息。非参数方法的最大优势在于建模时没有过多的人为假设，适用范围广，能灵活地对复杂时间序列建模，特别是对金融领域复杂时间序列建立模型。

时间序列来自对客观事物的观察，必然含有客观事物的规律。时间序列建模是人们认识时间序列中所含规律的一种方式，属于意识范畴。从最开始的感性认知到理性认知，逐步把握事物本质；从最开始相对简单的自回归模型、移动平均模型，到后来的相对复杂的异方差模型、门限模型，以及非参数模型，符合人们的认识规律，从简单到复杂，由浅入深地认识事物。我们的客观世界是一个永恒变化的世界，运动是事物的本质，时间序列模型能帮助我们认清事物随时间的运动规律。时间序列利用动态的模式去认识运动的事物，更能理解运动事物本身的规律。世界是一个联系的世界，自回归模型告诉我们，时间序列的过去和未来是联系在一起的，我们利用对过去的认知去了解未来。移动平均模型告诉我们，不同的时间序列之间是相互联系的，这符合辩证唯物主义的全面看待问题的观点。任何事物不可能孤立存在，必然要和自身与外界联系在一起，自回归移动平均模型恰好说明了这一点。所以，自回归移动平均模型最成功的地方在于将自身发展的规律以及外在环境对自身的影响有机地结合在了一起，既反映了自身的规律，又体现了外在的影响。体现了辩证唯物主义中的运动是物质的本质及事物之间存在广泛联系的观点。

三、时间序列分析中的辩证唯物主义对“思政”的作用

时间序列分析的发展及其原理本身就蕴含着辩证唯物主义的观点，在“思政”（思想政治理论课）中，对学生有以下四个方面的帮助。

1. 提供思维方法

辩证唯物主义强调对事物的全面思考，不仅仅看到现象表面，还要深入研究其内部矛盾和矛盾的发展。这种思维方法可以帮助学生形成全面、深入的分析能力，从而更好地理解和把握复杂的社会问题。看待问题，应该用联系、发展的眼光去了解事物的历史，认识事物的现实才能认清事物的未来。该原理可以应用于课程学习。想学好一门课程，关键就是掌握课程的核心思想，要掌握核心思想，就必须对课程的历史、现状以及未来的发展有充分的了解。这对于学生学习兴趣的激发，具有至关重要的作用。

2. 培养批判思维

辩证唯物主义鼓励学生对观点和理论进行批判性思考，不盲从、不僵化。学生在思政课上通过学习辩证唯物主义，可以培养批判思维和独立思考的能力，提高分辨真伪、辨别是非的能力。正确的、合理的、全面的辩证批判思维是创新的源泉。如果只看见事物好的方面，我们就会停滞不前；如何只看见事物坏的方面，我们就会全面否定。无论怎样，对事物的发展都是不利的。只有当我们认可事物，并同时看见问题所在，才能促进事物朝着更好的方向发展，才有创新。社会的发展如此，学科的发展也如此。

3. 强调历史和社会发展

辩证唯物主义将历史和社会看作一个有机整体，强调事物的发展是一个持续变化的过程。学生通过学习辩证唯物主义，可以了解社会进程和历史发展，对历史和社会问题有更深入的理解和认识。我们在强调社会发展的同时也关注个人的发展；而个人的发展也应该顺应社会的发展，服务社会的发展，在促进“大我”的发展中，完善“小我”。正确的人生观、世界观对个人和社会的发展是协调一致的、和谐的、相互促进的。正确的人生观、世界观决定了学生的学习态度，同时也决定了学生个人的发展。

4. 培养积极人生态度

矛盾是普遍的，无时不在的。学生在学习中，生活中以及未来的工作中

都会遇见这样或那样的问题。辩证唯物主义认为，矛盾和冲突是事物发展的动力，同时也是机遇和改变的源泉。学生通过学习辩证唯物主义，可以培养积极向上的人生态度，面对挑战时能够更加乐观和勇敢地面对，并能够通过解决矛盾和冲突来实现个人和社会的进步。

总体而言，辩证唯物主义在“思政”中的应用有助于培养学生的思维深度和广度、批判和分析能力，了解社会和历史的发展规律，以及培养积极向上的人生态度。这些能力和态度对学生的个人发展和社会参与都具有重要意义。

参考文献

[1] Shumway R. H., Stoffer D. S. Time Series Analysis and Its Applications: With R Examples [M]. New York: Springer, 2017.

[2] Slutzky E. E. The Summation of Random Causes as the Source of Cyclic Process [J]. Econometrica, 1937, 5 (2): 105 – 146.

[3] Yule G. U. On a Method of Investigating Periodicities in Disturbed Series, with Special Reference to Wolfer's Sunspot Numbers [J]. Philosophical Transactions of the Royal Society of London, Series A, 1927 (226): 267 – 298.

[4] 范剑青，等. 非线性时间序列 [M]. 北京：科学出版社，2005.

[5] 乔纳森，克莱尔，等. 时间序列分析及应用：R 语言（原书第二版）[M]. 潘虹宇，等译. 北京：机械工业出版社，2011.

[6] 刘易斯. 大空头 [M]. 何正云译. 北京：中信出版社，2011.

[7] 聂淑媛. 时间序列分析发展简史 [M]. 北京：科学出版社，2019.

[8] 司马迁. 史记 [M]. 陈曦，等注. 北京：中华书局，2022.

[9] 王嘉瑞，骆富军. 基于时间序列分析的宏观经济变量预测方法比较 [J]. 统计与决策，2022 (8)：121 – 124.

[10] 肖前，李秀林，汪永洋. 辩证唯物主义原理（修订本）[M]. 2 版. 北京：人民出版社，1991.

[11] 杨崇辉，郑溢嘉. 时间序列分析与预测 [M]. 北京：清华大学出版社，2015.

[12] 祝丹，陈立双. 大数据驱动下统计学人才培养模式研究 [J]. 统计与信息论坛，2016，31 (12)：102 – 107.

高校思政教育与学生管理相融合的途径探究

吴　彤①

一、引言

高校思政教育是培养德、智、体、美、劳全面发展的社会主义建设者和接班人的重要任务，而学生管理则是高校教育中不可或缺的一环。在当前社会背景下，高校教育不仅需要传授学科知识，更要关注学生的思想品德、人文素养和创新能力的培养。因此，如何将思政教育与学生管理相融合成为当前高校教育改革的热点和难点问题。思政教育的目标是培养学生的社会主义核心价值观，提高他们的道德素养和思想品德水平。学生管理则致力于引导学生的行为规范和自律意识，促进他们全面发展和健康成长。两者在培养学生的整体素质上具有紧密联系，相互作用。然而，在实际操作中，思政教育和学生管理往往存在割裂和重叠的现象，互相独立开展，缺乏有效的结合和协调。这种现象不利于思政教育和学生管理的深度发展，也难以实现学生全面发展的目标。提升学生管理水平，关键要立德树人，以德服人，高校必须把本校的学生管理与思政教育全面融合才能促进学生全方位发展；只有将学生管理与思政教育完美结合，才能提升学生管理水平，进一步推动思政教育的高效发展，实现“双赢”的最终目标。

二、高校思政教育与学生管理工作融合的必要性

（一）高校思政教育与学生管理工作具有较强的关联性

高校思政教育与学生管理工作是相互关联、相互促进的，它们的有效融合对于高校学生的全面发展和提高素质有着重要的作用。首先，思政教育是高校教育的重要组成部分，是对学生思想道德素质进行全面塑造的重要途径。高校的学生管理工作应当以思政教育为基础，通过思想教育、心理辅导、行

① 吴彤（1991— ），女，江苏扬州，硕士，主要从事学生教育管理研究。

为规范等多种手段引导学生树立正确的人生观、价值观和世界观，塑造健康向上的个性，从而达到全面发展的目的。其次，学生管理工作也是思政教育的重要实践场所。通过日常的管理工作，可以引导学生尊重学校制度、尊重师长、尊重同学，促进学生自觉遵守纪律，培养他们的自我管理能力和责任感，提高他们的社会责任感和公民素质。

（二）思政教育融入学生管理有利于提高管理水平

思想政治教育与学生管理的有机融合，可以加强思想引领、引导规范行为、加强思想教育、促进管理创新等，从而提高学生管理工作的质量和效益，进而提高管理水平。

1. 加强思想引领，形成管理共识。思想政治教育可以通过学生管理工作，传递正确的人生观、价值观和世界观，树立正确的管理理念和管理共识。这样就可以使学生管理工作的各个方面都得到统一，各个部门之间协调配合，管理水平自然会提高。

2. 引导学生规范行为，提高管理效率。通过思想政治教育，可以引导学生自觉遵守校规校纪，增强管理自觉性，规范学生行为，减少学生违纪事件的发生，提高管理效率。

3. 加强思想教育，提高管理质量。思想政治教育可以帮助学生了解管理工作的重要性和管理工作所需要的素质，从而提高学生管理工作的质量。通过思想政治教育，可以引导学生在管理工作中树立正确的态度，克服困难，主动创新，提高管理水平。

4. 促进管理创新，提高管理效益。思想政治教育可以激发学生的创新意识，引导他们在学生管理工作中运用新思想、新技术和新方法，探索适合高校学生管理工作的新模式和新路径，不断提高管理效益和管理水平。

三、高校思政教育与学生管理工作的现状

（一）高校思政教育形式单一，无法指导高校学生管理

高校思政教育形式单一，大部分高校仍然依赖于传统的课堂教学模式，而缺乏多样化的思政教育形式。这种单一的教育形式既难以满足学生多样化的学习需求和个性化的思想特点，容易使学生对思政教育失去兴趣和热情，从而产生反感或抵触心理。同时，这种单一的教育形式既难以让学生真正地将思政教育知识运用到实际生活中，也难以有效指导学生的思想行为。因此，为了更好地指导高校学生管理，思政教育需要更加多样化和创新化，采取多

种形式和方法，让学生在不同的场景中学习思政教育知识，并将其应用到实际生活中。

（二）思政教育工作难以与实践相结合

高校思政教育工作缺乏实践性思政教育活动，缺乏与社会实践相结合的机制，难以提升学生的实践能力和实际操作能力。目前，我国高校的思政教育工作主要是自上而下的理论输出，而缺乏从基层实践到理论的“反哺”。这导致许多思政教育工作者在实践中难以将各种思想道德教育的理论和学生的实践有效结合。学生通过这些没有实践基础的理论学习，无法与生活中遇到的问题相联系，自然也达不到理论指导实践的意义。

四、高校思政教育与学生管理工作融合的途径探究

（一）推动思政教育教学改革，创新学生管理工作方式

习近平总书记强调：“学校思想政治工作不是单纯一条线的工作，而应该是全方位的。”思政课与专业课要同向同行，要将思政教育与学生管理有效地融合起来，不断发挥思政课程的思想引领与政治属性，鼓励更多专业教师、行政教师主动参与到思政教育教学的改革中。思政教育课程应该注重理论与实践相结合，引导学生将所学知识应用到实际生活中。可以通过设计案例分析、小组讨论、实地调研等教学方法，培养学生的实践能力和问题解决能力，提高思政教育的实效性和针对性。在学生的日常教育与管理过程中逐渐融入思政教育理念，

采用多种手段和方法，创新学生管理工作方式。例如，可以开展导师制度，为学生提供个性化的指导和辅导；建立学生档案管理系统，全面了解学生的学习和生活情况，进行精细化管理。在日常管理中，我们的管理团队要充分把握学生的思维方式、沟通方式和认知结构，有针对性地将思政理论和实践成果带入学生管理中，结合学生喜好与心理特征开展思政教育的渗透工作。

（二）利用多媒体网络推进融合发展

在新时代背景下，随着互联网的快速发展，我们可以利用网络管理平台来推进思政教育和学生管理工作的融合发展。例如，提供在线学生管理服务：利用多媒体网络技术提供在线学生管理服务，如在线辅导、学生评价系统等。通过网络平台，方便学生进行学业规划、个性化辅导和评价反馈，在一定程度上也可以减轻辅导员面对面解决问题的工作强度，提升学生管理的效果和

服务质量。构建互动交流平台：利用多媒体网络技术搭建互动交流平台，如在线讨论区、微信群、社交媒体等。学生可以在平台上进行讨论、提问和互动，与教师和其他学生进行交流和分享。这种互动交流平台可以加强学生与思政教育和学生管理工作的联系，促进信息的传递和理解。开展网络思政教育活动：通过网络平台开展丰富多样的思政教育活动，如在线讲座、学术研讨会、主题论坛等。利用多媒体技术展示教育内容，增加互动环节，鼓励学生积极参与讨论和交流，提升他们的思政教育效果。

（三）丰富校园文化

高校校园文化是大学生思政教育的宝贵资源、重要载体，是加强大学生思政教育的重要途径。我们要从学生实际出发，不断加强校园文化建设，丰富校园文化内涵，努力营造思政教育与学生管理的良好校园文化氛围，潜移默化地影响大学生的言行举止。主要措施包括：创设多样化的文化活动，组织丰富多彩的文艺演出、艺术展览、社团活动等，让学生参与其中，培养他们的审美情趣和艺术素养。通过这些活动，引导学生感受传统文化的魅力，了解社会主义核心价值观，并将其融入自己的生活中；在校园内建设思政教育基地，如思政教育展览馆、红色文化广场、爱国主义教育基地等。这些基地可以展示党的历史、国家的发展成就、社会主义核心价值观等内容，通过展览、讲解、互动体验等方式，让学生深入了解国家和社会的发展，增强他们的爱国情怀和社会责任感；建立学生与教师、学生与管理者之间的沟通平台，鼓励学生参与决策和管理的过程，让他们能够表达自己的意见和建议。定期举办学生代表大会、班会、座谈会等形式的活动，加强学生与管理者的互动和交流，形成共建共治共享。

（四）加强教师队伍建设

习近平总书记强调："办好思想政治理论课关键在教师，关键在发挥教师的积极性、主动性、创造性。"因此，我们要不断加强我们的教师队伍建设。一方面，要加强对教师自身能力和素质的培养。导师、辅导员、班主任、组织员作为思政育人工作的实施主体，在组织开展大学生教育管理过程中，其自身需要具备较强的政治素质与理论水平。另一方面，要促进教师之间的协同创新。习近平总书记指出，"使各类课程与思想政治理论课同向同行，形成协同效应"。我们要加强不同学科教师之间的协作，促进各学科与思政课程之间的有效融合，建立思政课课题组，丰富授课形式，开展相关领域的研究交流会议。

五、结束语

综上所述，推动高校思政教育与学生管理工作的有机融合，可以提高学生管理工作的质量和效益。针对当前思政教育和学生管理工作存在的问题，高校要通过思政教育教学改革，将思政教育与专业课程有机融合，发挥思政课程的思想引领和政治属性。同时，倡导教师参与思政教育教学改革，提升教师的积极性、主动性和创造性，使学生管理工作得到全面发展。此外，我们还可以利用多媒体网络平台，通过新的技术手段提供丰富多样的思政教育内容，促进思政教育与学生管理工作的互动与协同发展。同时，丰富校园文化建设也是推动思政教育与学生管理工作融合的重要途径。我们应该通过校园文化建设，创造积极向上的校园氛围。此外，加强教师队伍建设也是推动融合发展的关键。通过提升教师的政治素质和理论水平，加强不同学科教师之间的协作与交流，促进各学科与思政课程的融合，实现教育管理的协同效应。

参考文献

[1] 邹晓宇．大学生思想政治教育获得感提升研究［D］．山东大学，2020.

[2] 郭楠楠．高校思政教育与学生管理工作有效融合的创新性研究［J］．佳木斯职业学院学报，2023，39（1）：70－72.

[3] 钱菁．新媒体环境下加强高校思想政治教育的对策［J］．哈尔滨职业技术学院学报，2021（2）：82－84.

[4] 王如．新时代高校学生管理工作的探索与创新［J］．中学政治教学参考，2021（3）：101.

[5] 周程．高校思政教育及学生管理工作有效融合措施探讨［J］．花炮科技与市场，2020，104（3）：103.

辅导员如何平衡日常事务工作与思政教育工作

侯婷婷　周喜林[①]

一、重日常管理，轻思政教育的主要表现

（一）开展思政教育频率较低，多为日常管理

部分辅导员把自己定位为一个“大管家”，大部分的时间都用于学生的日常事务管理，忙于机械性地收发材料、组织开展日常活动、为学生提供生活指导等，使自己陷入“事务中心”。而对思政教育则不太上心，思政教育活动开展较少，除非学校发布相关通知督促，否则不会主动开展思政教育活动。

（二）思政教育形式呆板、老套，敷衍、应付

部分辅导员开展思政教育活动照搬前人经验，内容上稍作改动，形式上一成不变。如在进行感恩教育、诚信教育时，仅以主题班会的形式，召集学生讲解自身经历过的与主题相关的事情，或套用以往的PPT，简单读完内容，学生发表感想。开展出的思政教育活动形式呆板、僵化、老套，内容上也毫无新意，无法激发学生的分享热情和求知欲望，施教者开展活动仅为了应付要求，受教者参加活动也是敷衍了事，达不到思政教育活动应有的教育效果。

（三）对学生思想动态了解甚少，出现问题后知后觉

部分辅导员平日里使自己陷入学生管理的繁杂事务中，没有时间和精力与学生进行思想、情感上的交流，对于能够体现学生思想动态的“两微一端一抖”等也关注较少，从而不能及时了解学生的思想动态，往往是出现问题时后知后觉。这种使自己成为学生日常生活的“大保姆”，是管理者、服务者，而非教育者的情形，是对辅导员角色定位和工作内容的误解。

---

① 侯婷婷（1995—　），女，江苏铜山，硕士，助教，主要从事思想政治教育研究；周喜林（1977—　），男，吉林洮南，博士，讲师，主要从事伦理学及思想政治教育研究。

二、忽视思政教育的原因分析

（一）思想上没有充分认识思政教育工作的重要性

很多辅导员重视日常管理而忽视思政教育的主要原因是思想上没有充分认识思政教育工作的重要性。部分辅导员认为思政教育是可有可无的，只要做好学生的奖助学金评选、在校管理、生活指导等，便可以保障学生正常的学习、生活，从而维护校园的和谐稳定；部分辅导员没有认识到当今时代各种文化思潮的涌入给大学生的思想观念带来的影响，多元文化思潮的涌入使学生的思想更加独立、多元，但同时也带来了文化入侵和文化渗透。

（二）日常管理占用时间较多、效率有待进一步提升

部分辅导员陷入日常事务处理的旋涡，没有时间开展日常的思政教育，原因之一是日常事务处理的效率有待进一步提升。部分辅导员新媒体应用使用不熟练，甚至没有主动使用新媒体教育教学工具的意识，使用原始、机械的方法处理工作，工作效率低下，占用时间、精力较多，工作成效不好。部分辅导员日常事务处理的经验欠缺，方式方法不得当，使日常事务处理的时间较长，而无暇开展思政教育活动。

（三）思政教育活动创新性有待提高

部分辅导员忙于日常管理而不重视思政教育活动的开展，一个原因是自身对于思政教育活动的教育效果没有信心。这部分辅导员意识到了自身开展思政教育的方式方法较为老套，缺乏新意和吸引力，但由于时间、精力、创新意识、创新能力等的影响，未能及时作出调整，以致自身对于思政教育活动的开展缺乏信心，认为即使开展了活动，学生也很少愿意参加，即使参加了也很难达到良好的教育效果，从而逐渐发展成为不重视的状态。

三、如何平衡日常事务工作与思政教育工作

（一）认知方面

平衡日常事务工作与思政教育工作，辅导员首先要从思想上认识到思政教育工作的重要性。《普通高等学校辅导员队伍建设规定》规定，辅导员的九大职责中摆在首位的便是“思想理论教育和价值引领”。习近平总书记在中国人民大学考察时指出，教师要做精于“传道授业解惑”的“经师”和“人师”的统一者，既精通专业知识、做好“经师”，又涵养德行、成为“人师”。辅导员作为教师队伍的重要组成部分，应充分认识到思政教育是自身工

作的主责主业，做学生成长成才的人生导师。其次，平衡日常事务工作与思政教育工作，辅导员要认清角色定位。辅导员是开展大学生思想政治教育的骨干力量，应当努力成为学生成长成才的人生导师和健康生活的知心朋友，“人生导师”和“知心朋友”两种角色缺一不可。因此，辅导员需要把思想政治教育工作作为日常工作的“地基”，在打好地基的前提下筑好思想政治教育工作的“大厦”；要正确认识思政教育工作与日常事务工作之间的区别与联系，通过辅导员这一纽带可以将“课堂上的思政”与“生活上的思政”衔接起来，这也是其开展思想政治教育工作的优势所在。

（二）能力方面

要想开展好思政教育工作，最基本的是要确保思政教育工作的时间。因此，辅导员要熟练掌握日常事务工作处理过程中的技巧，利用好新媒体工具，提高日常事务工作处理效率，使精力不被过多占用在日常事务工作处理上，从而有时间、精力去构思、实施思政教育。除了时间上的保证，辅导员还要增强开展思政教育工作的能力。要想确保思想政治教育工作的有效开展，辅导员需要夯实理论基础和提升实践能力。理论基础主要指的是高校辅导员对思想政治理论知识、辅导员专业知识、人文科学知识等内容的掌握，只有掌握了知识，才能将其用于指导工作实际；实践能力主要包括高校辅导员的组织能力、协调能力、谈心谈话能力等开展思政教育工作的必备能力。

（三）教育方式方面

很多辅导员不善于做思政教育工作，或者日常事务工作处理得很好而思政教育工作开展的较差，很大一个原因是思政教育工作方式出现了问题。思政教育本身是一种讲授道理的教育，容易陷入机械化、僵硬化、形式化陷阱。很多辅导员所使用的教育方式老旧、死板，不具吸引力，学生在接受教育的过程中获得感不强、主动性不够，觉得活动枯燥、乏味，给予教育者的反馈则不佳，有的中途离开甚至缺席活动，导致教育者（辅导员）的实施教育积极性受挫，接下来开展的教育更是走个过场，不具新意，长此以往，恶性循环，思政教育便成了教育者不喜欢开展、受教育者不乐于接受的教育。辅导员要想打破这一僵局，需要在教育方式上下功夫。辅导员的教育方式主要体现在课堂之外，课堂之外的教育灵活多样，载体丰富，辅导员应充分抓住这一点，将思政教育融入学生校园生活的方方面面，赋予思政教育以“形”、以“型”、以“行”。可以通过主题班会、就业指导、评奖评优助困、文明宿舍评比、文化体育科技艺术竞赛等日常工作践行思想政治教育工作。在学生的日常生活中“谈思政”，在解决实际问题中“悟真谛”，有效保障工作的顺利开展。同时，在信息时代，辅导员应充分利用好互联网这一大学生喜爱的空间，通过“三微一端一抖”等新媒体渠道强化与学生之间的交流互动，在互动中引导学生树立正确的世界观、人生观、价值观，让思想政治教育真正地入脑、入耳、入心、入行，渗透到学生的学习与生活中。

四、结论及建议

日常事务性工作是维持学生正常学习、生活的基本保障，而思政教育工作是开展一切工作的前提，是帮助学生树立正确的世界观、人生观、价值观的重要途径。高校辅导员作为做好学生思想价值引领不可或缺的一环，需要从转变认知、提升能力、改变教育方式等多个层面来探析思政教育的实现路径。

转变认知，一是要从思想上认识到思政教育工作的重要性，工作中把对学生的思想理论教育和价值引领摆在首位，做“经师”和“人师”的统一者，做学生成长成才的人生导师和健康生活的知心朋友。二是要认清自身的角色定位，认识到思政教育工作才是辅导员的主责主业，把思想政治教育工作作为日常事务工作的“地基”，在打好地基的前提下筑好思想政治教育工作的“大厦”。

提升能力，一是要提升日常管理的能力，不断积累日常管理工作经验，利用好在线表格、微信小程序等新媒体工作，提升日常事务工作处理的效率。二是要提升开展思政教育工作的能力，熟练掌握思想政治理论知识、辅导员专业知识、人文科学知识等理论知识，在实践中不断锻炼组织协调能力、谈心谈话能力。只有夯实理论基础，锻炼实践本领，遇到问题时才能将理论应用于实践，解决好实际问题。

改变教育方式，就是要创新形式、丰富载体。一是要利用好辅导员身份和职业的特殊性——工作只要体现在课堂之外，在课堂之外的生活、学习活动中融入思政元素，在解决实际问题的过程中解决思想问题，增强思政教育的亲和力、感染力、针对性、实效性。二是要充分利用互联网这个学生最喜爱的空间，利用“三微一端一抖”等新媒体平台，创新思政教育方法，加强与学生的互动交流，以学生喜爱的方式开展思政教育。

参考文献

[1] 张森，张志刚．新媒体时代高校思政教育改革策略研究——评《全

媒体环境下高校思政教育改革创新研究》［J］．科技管理研究，2023，43（5）：256.

［2］左冀倩．“大思政”视域辅导员工作与思政课程的协同［J］．中学政治教学参考，2023（7）：98.

［3］陈武元，吴彬．推进高校思想政治教育协同育人的路径探析［J］．中国高等教育，2023（1）：42－45.

［4］贾岱．思政教育与辅导员队伍建设的协同发展［J］．中学政治教学参考，2021（38）：90.

［5］赵忠君，邱宇涵，张伟伟．高校思政辅导员胜任力构成要素分析［J］．黑龙江高教研究，2021，39（9）：133－139.

［6］潘祉伊．新媒体视域下辅导员思想政治教育工作开展路径分析——评《探究辅导员思想教育工作新思路》［J］．热带作物学报，2021，42（8）：24－52.

［7］陈小林．辅导员视域下资助育人与思政教育双向融合新模式的思考——评《新时代高校学生事务管理与资助育人工作理论与实践》［J］．热带作物学报，2021，42（4）：1239－1240.

［8］江胜锋．高校辅导员思政教育工作实效性的提升［J］．中学政治教学参考，2021（12）：102.

机器学习中思政元素的探讨与研究

吕绍高①

一、引言

课程思政建设是国家高等教育中的一项重要政策。高等教育的使命不仅是培养专业人才，更重要的是要培养具有思想道德素养和创新能力的全面发展人才。课程思政建设旨在通过将思想政治教育融入各类课程的教学中，加强学生的思想道德素养、道德情操和社会责任感，提高全社会的文明素质和道德水平。

在当前社会，随着信息技术的飞速发展，机器学习成为解决各种现实问题的重要工具之一，越来越多的研究者开始关注其中的思政元素。机器学习并不是一个与思想、价值无关的纯技术领域；反之，它的应用往往牵涉到伦理、道德、社会责任等方面。尤其在教育领域，传授的不仅是知识，更是价值观和人生观。因此，在机器学习中引入思政元素，成为一项必要的工作。作为一项关注人类行为和思维的学科，机器学习在其研究范围内需要考虑人类价值观和伦理道德等问题。因此，将思政元素融入机器学习的研究和应用中，可以引导机器学习的发展方向，使其更加符合社会发展需要和人类价值观。

在机器学习算法的应用和决策中，可能会存在一定的隐私、安全等问题，这时候需要思考机器学习算法的合理性和透明度，确保其在使用过程中不会侵犯人权和社会利益。因此，机器学习中的思政元素也需要加强，引导和规范机器学习的发展和应用，保障其对社会的良性发展作用。

因此，将思政元素引入机器学习中，不仅可以提高机器学习的效率和准确性，也能够保证其应用的合理性和社会价值。同时，机器学习也为思政教

---

① 吕绍高，1982 年出生，男，河南驻马店，博士，教授，主要研究方向包括深度学习、分布式学习与强化学习方向。

育提供了新的手段和场景，可以更好地培养学生的思想道德素质和社会责任感。

二、监督学习中的思政元素

在机器学习领域，监督学习是一种常用的机器学习技术，它基于已经标记好的数据集进行学习和建模。监督学习的目标是训练一个模型，使其能够对新的、未标记的数据进行预测或分类。监督学习的数据集包含输入和输出变量，其中输入变量也称为特征或属性，输出变量也称为标签或响应变量。监督学习的任务是找到输入变量和输出变量之间的关系，即建立一个从输入变量到输出变量的映射。

监督学习的主要任务包括分类和回归。分类任务是将数据分为不同的类别，如图像分类、垃圾邮件分类等。回归任务是预测一个连续值，例如，房价预测、销售额预测等。监督学习的常用算法包括：

（1）决策树：根据已知数据的特征，生成一棵树形结构，以实现对新数据的分类。

（2）朴素贝叶斯：利用贝叶斯定理计算概率，预测一个数据属于哪个类别。

（3）支持向量机（SVM）：基于一些训练样本，通过构建一个超平面将不同类别的数据分开。

（4）神经网络：由多个神经元组成的网络，通过反向传播算法进行训练，实现对新数据的分类或回归预测。

监督学习中具有许多思政元素，从字面意义来说，监督学习意味着需要在监督下进行学习，其中的思政元素主要有个人需要在组织的监督下进行学习，对于某些原则性问题需要在监督下学习；从机器学习的监督学习来说，其意味着需要用给定标记好的数据集来进行学习，其中的思政元素主要有利用给定的内容（标记的信息）进行学习。下面分别以这两方面对其进行阐述。

中国共产党的思想政治理论课程是一门重要的课程，它涵盖了许多主题，包括党的历史、马克思主义理论、中国特色社会主义理论等。根据国家法律法规和教育部门的规定，对于一些内容进行教授和学习时，必须政治立场坚定，确保其正确性和完整性，内容包括：

（1）党的基本路线和党的领导原则：这是中国共产党的根本理论和组织原则。

（2）政治思想课程的核心内容：马克思主义哲学、政治经济学、科学社会主义等。

（3）祖国统一、民族团结等涉及国家安全和稳定的内容，这些内容具有政治敏感性。

（4）校园思想政治工作：学校需要积极开展思想政治工作，包括学生思想政治教育、党员教育等。

同时，机器学习中的监督学习也具有思政元素，例如：

（1）理论知识学习：在进行党史党章的理论学习和政治思想课程学习时，我们需要用给定的教材来学习，这就像监督学习中的训练样本，我们需要用已知的样本来训练模型，使模型能够对新数据进行准确的分类或预测。在机器学习中，样本的质量影响着模型的准确率，在进行思政教育的过程中，选取的教材内容也对最终思政教学的目标影响巨大。所以，需要对样本进行筛选，对样本清晰，使用特征工程处理样本使其更加符合规范；同时，在思政教育中，要特别注意思政元素的正确性，保持接收到的内容符合正确的价值观。

（2）培育和践行社会主义核心价值观：我们在建立价值观的时候，需要分辨对错，在机器学习中，这就像监督学习中的分类问题，需要对行为进行判断，分清其对错，从而建立正确的价值观和人生观。

（3）社会调查和统计分析：在社会学和政治学中，人们常常需要对社会现象进行调查和分析。这就像监督学习中的回归问题，我们需要用已知的数据来训练模型，使其能够对未来的趋势进行预测和分析。

监督学习的一些概念和思想具有思政元素，可以与思政课程中的一些内容联系起来，帮助我们更好地理解和应用思政课程中的理论和方法。

三、非监督学习中的思政元素

在机器学习领域中，非监督学习是一种机器学习技术，用于对没有明确标记的数据进行学习和建模。与监督学习不同，非监督学习不需要标记的数据，而是利用统计学和数学模型来探索数据的内在结构和模式。非监督学习的主要目标是发现数据集中的隐藏结构和模式，如集群、关联规则、异常点等。其中，最常见的技术包括聚类分析、降维、关联规则挖掘等。

聚类分析是非监督学习中最常用的技术之一，它通过将相似的数据点分为不同的组或者聚类来发现数据集中的内在结构。聚类可以基于距离或相似性度量进行，如 K - means 算法、层次聚类等。降维是另一种非监督学习技术，它通过减少数据集的维度来简化数据，并保留数据集中最重要的信息。降维可以是线性的或非线性的，如主成分分析（PCA）、独立成分分析（ICA）、核主成分分析（Kernel PCA）等。关联规则挖掘是一种非监督学习技术，它用于发现数据集中的关联关系。关联规则通常用于市场篮子分析，以确定在一个购物篮子中购买某种商品的概率与其他商品的关系。

非监督学习中的思政元素包括探索性分析、自组织、群体行为等。探索性分析是一种基于数据探索的方法，它可以发现数据中潜在的结构和模式，从而帮助人们更好地理解数据背后的含义。自组织是指系统在没有外部干预的情况下自我组织和调整的能力，这在非监督学习中常被用来发现数据的潜在结构。群体行为是指个体在一个群体中的行为，非监督学习中常利用群体行为来发现数据中的群体结构。这些思政元素强调了人类在数据分析和决策中的角色，体现了对数据中潜在结构和模式的深入探索以及对群体行为的理解和利用的重要性。

在思政课程中，非监督学习的一些概念可以与一些思政课程的内容联系起来，例如：

（1）社会群体的聚类分析：在社会学中，人们常常需要对社会群体进行聚类分析，以研究不同的群体之间的异同和特点。聚类分析是非监督学习中的一个重要技术，可以用于社会群体的分类和比较。

（2）思想品德教育中的降维：在思想品德教育中，我们常常需要让学生学习如何减少冲突和矛盾，减少负面情绪。这就像非监督学习中的降维，将多维复杂的问题简化为更为简单的核心问题，使学生更好地理解和掌握思想品德的核心内容。

（3）社会关系的关联规则挖掘：在社会学和政治学中，人们常常需要研究社会关系的复杂性和隐含规律。关联规则挖掘是非监督学习中的一个重要技术，可以用于发现社会关系中的关联和规律。

非监督学习具有其独特的思政元素，非监督更加强调自主性，利用样本自身的数据来进行机器学习分析，体现了人的主观能动性。

四、半监督学习中的思政元素

半监督学习（Semi - Supervised Learning）是机器学习中介于监督学习和无监督学习之间的一种学习方式。在半监督学习中，训练数据集中既包含有标记数据（已知分类或输出值的数据），也包含未标记数据（没有标记分类或输出值的数据）。

半监督学习的目的是通过未标记数据来提高模型的性能，从而提高模型在未知数据上的预测准确率。它利用已标记数据对模型进行监督训练，同时使用未标记数据对模型进行无监督训练，以提高模型的泛化能力。有标记数据往往比较昂贵或者难以获取，而未标记数据则很容易获取。通过利用未标记数据来提高模型的性能，可以在减少数据标记成本的同时提高模型的预测能力。

在半监督学习中，思政元素体现在以下几个方面。首先，半监督学习能够利用少量有标记的数据来指导模型训练，并将未标记的数据用于学习更广泛的数据分布，这体现了思政教育中“知行合一，理论联系实际”的原则。其次，半监督学习强调了对未标记数据的利用，这也符合思政教育中强调的“广泛汇集信息，分析、把握和利用大量信息”的精神。最后，在半监督学习中，算法需要具备主动学习的能力，即需要在未标记的数据中选择最有价值的数据进行标记，这也体现了思政教育中“自觉学习、勇于探索”的精神。半监督的思政元素还可以体现为：

（1）关注全局和个体：半监督学习注重利用全局信息来提高模型性能，而在思政课程中，我们也强调了个体和全局的关系。我们需要认识到个人的发展与社会的发展紧密相连，并且为了全局的发展而努力。因此，半监督学习的全局思想与思政课程中的社会责任、发展观念等紧密相关。

（2）多样性和创新：在半监督学习中，利用未标记数据的多样性可以提高模型性能，而在思政课程中，我们也强调了多元化和创新思维的重要性。需要学会从不同的角度思考问题，并且提出创新的解决方案。因此，半监督学习的多样性思想与思政课程中的多元化、创新思维等紧密相关。

（3）面对未知与不确定：在半监督学习中，未标记数据的存在使模型面临着未知和不确定的情况，因此模型需要学会处理这些情况。在思政课程中，我们也强调了面对未知和不确定的重要性。个人需要学会适应不确定的环境，并且处理不确定的问题。因此，半监督学习的未知与不确定思想与思政课程中的创新精神、实践能力等紧密相关。

五、强化学习中的思政元素

强化学习是一种机器学习的方法，其目的是让智能体在与环境交互的过程中，通过试错学习最优策略，从而最大化累积的奖励或回报。与监督学习和非监督学习不同，强化学习的训练数据不是事先标注好的，而是通过智能体与环境的交互来产生的。

在强化学习中，智能体根据当前的状态采取一个动作，并观察环境的反馈，包括奖励和下一个状态。智能体的目标是最大化累积的奖励或回报，通过不断地试错学习最优策略。强化学习在人工智能的许多领域中得到了广泛应用，如游戏、机器人控制、自然语言处理等。在游戏领域，AlphaGo 就是一个应用了强化学习的例子，它通过与人类围棋高手在比赛中学习，最终战胜了世界冠军。在机器人控制方面，强化学习可以让机器人通过与环境的交互，学习最优的动作策略，从而完成复杂的任务。

强化学习中的思政元素包括智慧决策、道德伦理、人工智能安全等。智慧决策是指在不确定性和复杂性环境下作出明智的决策的能力，这在强化学习中非常重要，因为强化学习模型通常需要在未知的环境中进行学习和决策。道德伦理和人工智能安全在强化学习中也十分重要，因为强化学习模型在作出决策时会涉及人类价值观和道德规范，同时，强化学习模型也可能存在安全漏洞和隐私问题，需要注意相关的伦理和安全问题。

强化学习中包含了多个与思政相关的元素，其每个环节都有其思政内容，包括以下几点。

（1）价值观：在强化学习中，智能体通过获得奖励或回报来学习最优策略，这种奖励或回报的大小与价值观息息相关。例如，在某些游戏中，攻击敌人会获得奖励，但如果这种行为与智能体所持有的价值观相悖，智能体可能不会选择这种策略。因此，强化学习中的价值观与思政课程中的道德观念、人生观等是相关的。

（2）自我调节：在强化学习中，智能体需要在与环境的交互中不断学习，并逐步优化自己的策略，这需要具备自我调节的能力。思政课程中也强调了个人的自我调节能力的重要性，如自我管理、自我控制等方面。

（3）勇于尝试：在强化学习中，智能体需要不断地尝试不同的策略，并根据奖励或回报的大小来评估策略的优劣。这与思政课程中鼓励学生勇于尝试、勇于创新的精神是一致的。

（4）环境适应：在强化学习中，智能体需要根据不同的环境来采取不同的策略，这需要具备环境适应的能力。在思政课程中，也强调了个人需要适应不同的环境，并在不同的环境中表现出不同的行为。

在思政课程中，首先，强化学习强调通过试错学习最优策略，模型需要具备自我探索和自我修正的能力，鼓励个人勇于尝试、勇于创新的精神。其次，强化学习中智能体需要在与环境的交互中不断学习，并逐步优化自己的策略，符合思政教育中“实事求是、善于分析和处理问题”的精神。最后，强化学习中的奖励和回报可以看作智能体与环境的互动结果，这与思政课程中强调人与社会环境相互作用、相互影响的思想相契合。

六、总结

在监督学习中，思政元素的主要体现在数据标注、监督学习等过程。数据标注的过程中，数据标注不仅是一项烦琐的工作，同时也需要人员对数据进行判断和评价，这涉及价值观、道德标准等思政元素；在监督学习的过程中，个体需要利用给定的数据来更新自己的信息，从而丰富自己的知识体系，培养自己的价值观和人生观。

在非监督学习中，思政元素主要体现在聚类和降维等任务中。聚类算法将数据集中的样本划分为不同的类别，需要考虑到样本之间的相似性和差异性，这涉及价值观、分类标准等思政元素。降维算法则是将高维数据映射到低维空间，需要考虑到数据的重要性和不重要性，这也涉及价值观和分类标准等思政元素。

在半监督学习中，思政元素的作用主要体现在对未标记数据的使用中。利用一部分标记的数据，来更新未标记数据的标签。在有限的信息中加强模型的性能。体现了理论联系实际、实践出真知等思政元素。同时，也体现了面对未知，勇于探索的精神。

在强化学习中，思政元素体现在智能体与环境的交互中。对于一个智能体，需要设计不同的交互，来使其学习到更优的策略。这体现了思政元素中的价值观选择、自我调节、积极实践、适应环境等。

综上所述，机器学习中的思政元素贯穿于各种机器学习算法的整个流程中，影响着模型的建立和应用。机器学习中的各种算法都蕴含着思政元素，而思政教育中强调的探索、实践、知行合一等精神也为机器学习提供了理论指导和实践基础。机器学习中的思政元素不仅涉及技术层面，更是关乎人类价值观、道德规范和社会责任感等方面。它们不仅影响着模型的训练效果，同时也影响着个人的行为和决策。因此，应该重视机器学习中的思政元素，将其纳入机器学习的研究和实践中，注重思政与机器学习的结合。

参考文献

[1] 朱生琴. 职业院校财务管理专业课程思政融合问题研究——以《财务报表分析》课程为例 [J]. 财会学习，2021 (1)：175-177.

[2]《高等学校课程思政建设指导纲要》发布 [J]. 中国电力教育，2020 (6)：6.

[3] 王亚歌，刘拥，杜梦丽，等. 课程思政融入机器学习课程教学的探索与实践 [J]. 电脑知识与技术，2022，18 (33)：167-170.

[4] 冯欣，张杰，石美凤，等. 人工智能专业的课程思政建设 [J]. 计算机教育，2022，335 (11)：43-46.

[5] 商新娜，宏晨，田娥，等. "机器学习"课程思政教学改革与探究 [J]. 科教文汇（上旬刊），2021，544 (28)：95-97.

[6] 马铭含，宋辰阳，马苗. 思政教育融入《机器学习》教学中的探索 [J]. 电脑知识与技术，2021，17 (14)：120-121.

[7] 彭长根，何兴，谭伟杰，等. 人工智能算法安全研究现状与对策 [J]. 贵州师范大学学报（自然科学版），2022，40 (6)：1-16，134.

[8] 彭长根. 人工智能安全治理挑战与对策 [J]. 信息安全研究，2022，8 (4)：318-325.

[9] 袁源，郭进利. 基于复杂网络上监督学习方法的研究综述 [J]. 运筹与管理，2022，31 (12)：234-239.

[10] 李永国，徐彩银，汤璇，等. 半监督学习方法研究综述 [J]. 世界科技研究与发展，2023，45 (1)：26-40.

[11] 刘建伟，刘媛，罗雄麟. 半监督学习方法 [J]. 计算机学报，2015，38 (8)：1592-1617.

[12] 刘全，翟建伟，章宗长，等. 深度强化学习综述 [J]. 计算机学报，2018，41 (1)：1-27.

基于学科竞赛的财经类高校创新人才培养研究探索

郝红霞①

一、引言

2015年，国务院办公厅印发《关于深化高等学校创新创业教育改革的实施意见》，提出深化高等学校创新创业教育改革，是国家实施创新驱动发展战略、促进经济提质增效升级的迫切需要，是推进高等教育综合改革、促进高校毕业生更高质量创业就业的重要举措，围绕高等学校创新教育改革明确了9个方面任务。2015年底，江苏省政府办公厅出台《江苏省深化高等学校创新创业教育改革实施方案》，方案提出要完善以提升创新创业能力为导向的人才培养方案、建立创新创业教育协同育人新机制等多种体系。以上两份文件提出高等学校要从多方面为大学生创新创业能力培养提供良好的环境，创新人才培养成为当下以及未来很长一段时间内高等教育培养的关注重点和难点。为深入贯彻落实国务院办公厅和江苏省政府办公厅的文件精神，培养大学生的自主创新能力，2022年公布的全国普通高校大学生竞赛项目共56项，包含创新创业、工科、医、技术等多种类别的教育部认可、含金量高的竞赛。

普通高校学科竞赛是指高等教育阶段普通高等学校的各类学科竞赛，以赛促教、以赛促学，可以提高大学生的创新创业意识和能力。学科竞赛主要是以基础专业课程内容为根基，以提高大学生创新水平和能力为引导，培养学生对理论知识的应用能力和解决实际问题的能力，是培养具有创新创业高质量人才的一种途径，是培养创新人才的一种载体，受到了越来越多大学生的关注和重视。财经类高校学科竞赛更注重于学生理论转化实践能力的培养、团队合作相互支撑配合的能力以及队员各自创新思维的锻炼提高，是培养学

① 郝红霞（1988— ），女，山西长治，博士，讲师，主要从事混频数据波动率建模、非参数统计、应用统计等研究。

生关注社会焦点、解决社会问题、增强爱国意识的一种途径。财经类高校大学生学科竞赛种类繁多，有高等教育部门和各级政府主办，有各级学会、企业部门、高等学校等合作主办的学科竞赛，各种不同竞赛对大学生的能力和素质的要求不尽相同。面对各种各样类别的学科竞赛，创新创业优秀指导教师团队是必不可少的一个重要角色。基于学科竞赛的财经类高校创新人才培养既包括大学生创新创业能力的培养，也包括创新创业平台的搭建和指导教师团队的构建和培养。本文对财经类高校基于学科竞赛的创新人才培养现状进行了分析，指出了目前存在的问题，在此基础上提出了基于学科竞赛的创新人才培养路径构建，为财经类高校创新人才教育和培养提供了一定的指导。

二、财经类高校基于学科竞赛的创新人才培养现状及存在问题分析

财经类高校是以财经专业为主要学科的院校，在思想上学生具有较高的视野和更加灵活的观念，在思维方式方面具有整体性、变化性，在动手和实践能力方面表现一般，感性思维表现优于逻辑思维。在专业方面，由于财经类高校专业设置自身原因使财经类高校大学生专业相近，同质化现象较为突出，这一点使学生在以团队成员身份参加学科竞赛时，团队内部知识结构相似，无法达到互补的效果，不过因此也带来了一个好处，在后期的参赛过程中正是因为具有专业相似的学习背景和学习经历，也会使得在团队合作中有一定的作用；同时，随着最近几年就业形势越来越严峻，三、四年级的同学对学科竞赛等赛事关注较少，他们主要关注与考研、找工作相关的资格证书、短期实习等事情，使近年来参加学科竞赛的学生多以二年级为主，一年级为辅，参赛学生呈现低年级化的现象。考虑到低年级同学的知识结构和专业储备尚未完整，在指导和培训过程中会出现专业知识和技能培训无法同步进行。

虽然学科竞赛种类繁多，但是学生对学科竞赛的了解大多集中在“互联网+”、挑战杯、数学建模等赛事中，或者主要集中关注与财经相关的一些赛事，对一些其他类型的学科专业竞赛了解不多。以全国大学生市场调查与分析大赛为例，作为教育部公布的56个普通高校大学生竞赛项目之一，此竞赛是统计学、管理学、计算机、数学和社会学等多专业相互融合的一个竞赛，是引导大学生创新和实践，提高组织、策划、调查实施和数据处理与分析能力的一项赛事，自2010年创办以来，现已成功举办12届，参赛人数已达55万人次。对南京审计大学学生来说，在前期宣传该赛事过程中，依然会有很

多同学对教育部公布的学科竞赛了解甚少，有学生认为学院对于学科竞赛的宣传力度不够。另外，南京审计大学作为财经类高校之一，学生大多熟悉并关注与财经相关的一些学科竞赛，有时候当他们了解到一些其他非财经类学科竞赛，比如全国大学生市场调查与分析大赛或者全国大学生统计建模大赛等学科竞赛时，学生的第一反应是，这种类型的竞赛对数学、统计、计算机编程的能力的要求一定非常高，觉得自己没有专业性学过这些知识，肯定无法完成，在参赛前会预先给自己设置一个自我障碍；最后，作为财经类大学生，思想比较活跃，视野较为宽广，参加学科竞赛的动机也不尽相同。大多数同学是为了提高自己的综合实践和创新能力，有一部分同学是为了可以获得获奖证书，为自己以后的求学和工作提供一定的基础，还有的同学是为了获得学分。

以学科竞赛为基础的创新人才培养探索，除了对参赛成员的分析研究以外，指导教师队伍也是影响创新人才培养成效的关键因素。学科竞赛创新指导团队与常规的教学团队或者课程团队有显著不同，它的主要任务是通过指导大学生参加学科竞赛，培养其解决实际问题的能力，从中锻炼其创新表达和团队协作的意识，为高校大学生创新人才培养提供基石，它是学科竞赛的重要组成部分。具体地，它是以学科竞赛为载体而存在的，不以知识传授为主要目的，其对参赛学生的培养目标和激励机制都以培养创新人才为宗旨。由于专业带头人或科研负责人以科研为主，目前在很多高校中，学科竞赛指导教师负责人多以副教授或讲师为主，而且大多数学科竞赛是团体赛，促使指导教师团队必须凝心聚力、团结一致。因此，学科竞赛指导团队在敬业、专业、年龄、职称等方面都是需考虑的问题。事实上，学科竞赛指导是一种实践型的教学活动，指导团队成员需要花费大量时间研究每种不同学科竞赛的要求，重点、难点、特点，但是目前部分高校缺乏学科竞赛激励机制，这容易导致指导教师积极性不高。目前，各财经类高校学科竞赛指导团队形式多样，指导方式千差万别，有的高校是以团队指导为主，这样可以有效避免思想单一，达到才能互补、团结和谐，目标统一、职责分工、相互配合的效果，但同时也会出现指导建议难以达成一致进而影响指导效果的现象发生。相反，有的高校是以指导教师个人为主，自始至终指导方向保持一致，但也会出现成果中带有较为强烈的个人主义色彩。值得注意的是，无论是哪种指导方式，学科竞赛指导团队主要是借助一定媒介激发学生的创新能力和创新意识，在参赛前会和参赛学生进行交流研讨，根据参赛团队的不同特点进行因地制宜的指导。考虑到学科竞赛指导团队教师有日常教学的工作和科研任务，同时还需要指导、培训、带队，若学生参赛动机、自主学习能力等情况较为复杂，会给学科竞赛指导团队带来一定的难度和挑战。

在以学科竞赛为基础的创新人才培养过程中，思政教育有着举足轻重的影响。目前的学科竞赛培养过程中，大多数关注学科竞赛前期的宣传推广、参赛学生能力提升和选拔、专业技能方面的培训、参赛作品的完成等方面的相关工作。从学生、指导教师团队的角度看，学生注重自己的专业能力有没有提升，参赛作品是否完成了规定内容、参赛报告是否格式正确、结构是否符合规范、PPT设置是否合理、内容凝练是否到位，指导教师团队会把专业技能的讲解演示、问题的具体分析、数据分析的角度、过程和结果全方位地为参赛学生进行培训和指导，较少会将思政教育放在首要地位。思政教育是大学教育的基础，是大学教育全面发展的主导地位，是精神文明的重要组成部分。大学生要先做人，再做事。如果没有坚实的思想政治基础，很难在复杂的社会系统中深入理解事物含义。思想政治教育是一个国家发展的基石，也是社会主义大学的重要特征。因此，加强思政教育在创新人才培养过程中的地位尤为重要。

三、构建基于学科竞赛的创新人才培养路径

（一）建立完善的学科竞赛宣传、组织、管理模式

对学科竞赛的了解和认知是影响财经类高校大学生参加学科竞赛的原因之一，教师的通知、同学之间相互沟通是最常见的两种方式。在大数据自媒体时代，各财经类院校应该扩大学科竞赛信息渠道，加强宣传手段，以学校或学院为主在学校或学生常浏览的地方建立各种学科竞赛链接，可以包含全国普通高校大学生学科竞赛的各种信息，比如学科大赛简介、报名过程、往届参赛作品、往届获奖情况、往届参赛队员经验分享等多种介绍，这样学生可以较为方便地获取到学科竞赛内容，提高学生对学科竞赛的认知程度，激发大学生创新意识的培养。

财经类高校参加学科竞赛的大学生一般来自不同年级、不同（有时或相近）专业、不同地区、不同背景，团队成员之间熟悉程度一般，对参加学科竞赛前的工作了解不充分，对参赛过程中可能遇到的问题和解决方法尚不清楚。首先，为了解决参赛队员的疑惑，提高参赛学生的积极性和自信心，在某一年学科竞赛结束后，可以请每一支参赛团队写下参加该大赛以来的感想，

可以是团队合影记录、作品完成过程中沟通细节、每个队员自身的感受，也可以是对指导团队提出的建议。仔细阅读完所有团队的感想后，指导团队结合自己指导过程中的感受和学生的建议，总结学生管理过程中存在的问题。其次，在下一次参赛初级阶段组织往届参赛队员就参赛过程中的细节、收获、遗憾、建议等方面为下一届参赛队员作经验分享，这样既能锻炼往届学生组织表达能力，也可以增强下一届队员参赛热情和信心。另外，建议成立校级或院级的学科竞赛社团，采用学生负责学科竞赛的宣传、以老带新、以学生带动学生的组织管理方式，或者在当今短视频传播更广更快的时代背景下，可以围绕学科竞赛的性质、内容、流程等方面，通过拍摄短视频或线上线下知识问答等方式进行宣传，创造更多参赛队员梯队合理的队伍，更大范围地提升学生对学科竞赛的认知，减少沟通障碍，创造更便捷的管理模式，吸引更多的同学加入学科竞赛的队伍中。

（二）搭建完善的学科竞赛指导团队

学科竞赛指导团队作为学科竞赛中非常重要的一个组成部分，在创新人才培养方面扮演着学生指导者和引路人的角色，目标是通过学科竞赛培养大学生的创新能力和水平。在创新创业课程中，采取与传统课堂有所区别的教育教学方法，改变授课方法，通过新的课堂教学模式激发学生学习兴趣和自主学习能力。基于学科竞赛契机，在创新课堂中实现模块化教学，结合具体实例，以小组为单位完成，课下的交流可以锻炼学生的团队协作和合作意识，在课堂上讲述本组成员的思考过程锻炼学生逻辑思维，课堂的现场提问培养学生的现场反应和对所学内容的深层次思考，通过创新课堂模式将专业知识和实践相互结合。

一支优秀的学科竞赛指导团队，不仅对学生有丰富且高效的指导经验，而且对自身能力的提升也应该有一套完整的培训体系。首先，可以成立学科竞赛交流学习组，该小组负责学科竞赛指导团队成员的加入相关事宜，通过规定考核的教师可以加入学科竞赛指导团队。该交流学习组负责定期开展学科竞赛交流会，通过对当前阶段遇到的问题进行交流分析，有效提高指导团队的指导水平。此外，学科竞赛指导团队成员在互联网上通过多种途径积极与其他高校的指导团队成员相互学习和交流，积极参加学科竞赛主办方和其他高校举办的线上线下经验分享交流会，丰富团队成员的视野，积累团队指导经验，对学科竞赛提供更多有建设性的专业建议，为学科竞赛指导团队的业务能力提升创造一切可能的条件。

（三）建立完善的学科竞赛激励机制

参加学科竞赛需要合适的环境、设备和经费，面对经费不足问题时可以通过校企合作方式达到学科竞赛对经费的要求。大力宣扬校企合作或院企合作，企业根据自身运营情况发布在日常运行中经常遇到的问题作为任务，学生通过仔细阅读分析问题，设计参赛方案，完成参赛报告。这样既可以帮助企业解决实际问题，又可以锻炼学生的自主学习、理论实践结合、团结协作等能力；针对学科竞赛指导教师团队成员负担过重问题，可以建立更加完善的教师激励机制。指导学生参加学科竞赛是培养大学生运用所学理论知识解决实际问题的能力，而且参赛时间通常都较长，指导学生参加学科竞赛的过程可以让学生近距离了解指导教师扎实的专业知识和人格魅力，这对参赛学生在以后的专业学习、对世界的认识、看待漫漫人生路等诸多方面都有着潜移默化的影响。因此，高校考核组在对学科竞赛指导团队成员的经费补贴、工作量等考核时可以适当考虑到其在学科竞赛指导中的贡献；在创新学分方面，可以根据各学院或各专业的特点，选择并建议学生可以参与的学科竞赛的类别和数量，调整学科竞赛创新学分的分值，使得学生更加关注学科竞赛的质量而不是为了获取学分而参加多个学科竞赛，但是每个都没有全心投入，无法达到依托学科竞赛培养高质量创新人才培养的目标。

（四）落实思政教育于培养全过程

基于学科竞赛的创新人才培养过程要深入贯彻落实思政教育。在宣传阶段，要教育学生，参加学科竞赛不仅是专业水平能力的提升，这更是一种有高度、有深度、有温度的思政教育第二课堂；在准备选题阶段，要引导学生关注国家大事、拓展政治视野、厚植爱国情怀，通过多媒体、互联网、客户端等多种渠道培养学生社会主义核心价值观，及时认识新时代青少年使命和担当，增强党史教育、我国优秀传统文化教育、工匠精神培育，引导学生树立正确价值观，增强学生自我管理和教育的能力。在现场答辩环节，培养学生诚信、自信和责任感。在学科竞赛结束后，培养学生胜不骄败不馁，取得优异成绩要不骄不躁继续努力，这是大家长期努力和团队协作的成果；若没有取得理想的成绩时要正确认识自己，吸取教训，不怨天尤人。要引导学生认识到人生的道路是挫折和成功相伴的过程，是成长和发展补课缺少的重要部分，要有迎接成功的准备，也要有面对和承担、抗拒挫折的骨气和勇气。总之，要将思政教育贯穿于以学科竞赛为基础的创新人才培养全过程。

四、总结

本文首先介绍了学科竞赛意义及其在创新人才培养中的作用，其次阐释了目前基于学科竞赛的财经类高校创新人才培养现状并指出存在的问题，最后从学科竞赛宣传组织管理、指导团队建立、激励机制、思政教育四个方面构建了基于学科竞赛的财经类高校创新人才培养路径，为创新人才培养提供了一定的借鉴。

参考文献

[1] 国务院办公厅关于深化高等学校创新创业教育改革的实施意见[EB/OL].（2015-05-13）. http://www.gov.cn/zhengce/content/2015-05/13/comtent_9740.htm.

[2] 江苏省深化高等学校创新创业教育改革实施方案[EB/OL].（2015-12-31）. http://www.gov.cn/zhengce/2015-12/31/content_5045164.htm.

[3] 高哲，杨开一，刘俏含. 以学科竞赛为途径的理工科大学创新人才培养实践研究，创新创业理论研究与实践[J]，2022，3（6）：177-179，187.

[4] 南梦飞，辛颖. 财经类大学生诚信教育特点研究[J]. 科技经济市场，2016（3）：234-235.

[5] 张东哲. 应用型高校学科竞赛水平提升路径探究[J]. 教育观察，2019，8（24）：130-131.

[6] 王宇静. 地方本科院校大学生学科竞赛参与现状调查及政策建议[J]. 教育现代化，2020，4（34）：188-190.

[7] 钟美，段子萍. 基于学科竞赛的大学生创新创业能力研究——以西南林业大学会计学院为例[J]. 现代商贸工业，2022（9）：110-111.

[8] 王林平，孟宪辉，王东兴. 学科竞赛型创新教育指导团队研究[J]. 中国多媒体与网络教学学报，2021（11）：169-171.

[9] 李稳国，谭伟石，肖卫初，等. 学科竞赛与创新项目指导团队长效机制建设探究[J]. 电脑知识与技术，2021，17（23）：212-214.